自分の素晴らしさに気づいてますか

マドモアゼル・愛

三笠書房

はじめに

「幸せ」と「安心」を生み出す〝自分の心〟とのつきあい方

自動車が運転できるようになるまでには、早い人でも二カ月の教習期間を経なくてはなりません。やっとのことで免許証が得られたとしても一年目は若葉マーク、一人前になるのには数年の年月がかかるのです。遊び半分な気持ちや、タカをくくったような姿勢では、決して取得することはできません。

私たちは車を運転するのにも、このように真剣に考え、努力をします。しかし、自分自身のことや自分の人生についてはどうでしょう。

「そろそろ就活の時期だから……」

と、深い考えや思い入れもないままに、なんとなく就職し、納得のいかない気持ちのまま毎日を過ごす人もいれば、

「みんながそうだから……」

という消極的な理由で、結婚をして、なんとなく人生を生きていこうとする人が大勢います。


自動車の免許証を得るのはあれだけ真剣なのに、自分の人生について無頓着なのは、ひとつは、素晴らしい人生をおくりたいとは思っても、自分の人生について考える具体的なノウハウを持っていない、ということがあると思います。

そのため、なんとなく生きていく以外に道がないような、そんな錯覚におちいってしまうのでしょう。

しかしそれでは、いずれむなしくなるか、行き詰まるかしてしまうと思うのです。自分自身の運転ができない以上、行きたいところにも行けないし、やりたいこともできない……ベルトコンベアーに乗せられた人生をおくる以外に、道はなくなってしまうからです。


この本では、色々な角度からあなた自身について考え、あなたが自分の素晴らしさに気づく心のノウハウを語ったつもりです。あなた自身が、多少でも自分自身に対する取り組み方を知って、世界にたった一人しかいない自分だけの人生を元気に生きていけるよう、心から願いながら書きました。

どんなに自分に怒っている人でも、どんなに自分に失望している人でも、どんなに人生が行き詰まってしまった人でも、絶望は絶望として、もう一面では安心してほしいのです。

この本は、そのもう一面の安心について書かれています。

それは、表面だけをゴマかすような、いずれはハゲてしまう安心感ではありません。今のあなたがたとえどうであろうとも、あなたがあなたとして生まれてきたことに、心から安心できる道なのです。

せっかくあなたは、この世に生まれてきたのです。それには必ず意味があったのです。

自分を大切にしてください。そして元気になってください。

そうした願いのもとに、この本は書かれています。

目次

CHAPTER

1 あなたの中に二人の自分がいる

CHAPTER

2 あなたは傷ついていますか？

CHAPTER 3

他の人のようになろうとするから、あなたは疲れる

CHAPTER

4 感情の法則

——感情に振り回されない自分を獲得できる！

CHAPTER

5

心の法則

――心の神秘的なはたらきを活用する法！

CHAPTER 6 自分を愛せない人は誰からも愛されない

エピローグ　誰も自分の呼吸をかわってはくれない

Special Appendix 特別付録

周波数を知ると生きるのが楽しくなる

本文デザイン　荻原佐織（PASSAGE）
本文イラスト　akira muracco

プロローグ

喜びの人生を築きましょう

自分の〝イヤな面〟をどうとらえるか

自分の容姿が気に入らないと思っている人は大勢いると思います。中には、イヤでイヤで仕方なく、こんな顔では誰も相手にしてくれないと、かたくなに信じている人もいます。

しかし実際にそういう人に会ってみて思うのは、客観的にみるとみんな、美しい人たちばかりです。

「どうしても鼻がイヤなんです」「口がおかしいんです」と、自分の長年の悩みを思いきって打ち明けてはくれるのですが、いわれてみればたしかに、「ああ、この点をいっているのかな……」とも思うのですが、それはその人の個性のようなもので、かえって可愛いとか、美しく思える場合がほとんどです。

しかし本人の悩みは真剣で、そのことでもう何年も十年以上も悩んできているのです。

悩んできたその長い年月の間、自分の容姿に対する思いのゆえに、会いたい人にも会わず、やりたいこともやらずに生きてきたのかと思うと、胸に迫るものがあります。

もしもこの人が自分の容姿を受け入れて、会いたい人に会い、やりたいことをやってきたら、もっと素晴らしい日々が過ごせたのではないかと、もったいないような気がしてしまうのです。

自分を生かしきる生き方

容姿コンプレックスに限らず、自分の才能、性格、生まれや環境などに対するこだわりが、私たちの前向きな気持ちや行動にブレーキをかけるのです。前進しようとするエネルギーとブレーキの力とがぶつかれば、当然そこに不安定な状態が生じ、苦悩も生まれます。

そして多くの人が、自分の不安を直視することをためらい、不安を遠ざけてくれる環境、考え、行動に身を置くことで、悩む自分、不安な自分を忘れ、同時に、前進しようとするエネルギーの存在を忘れていくのです。

人間は誰もが平等な価値を持つとは、たしかな事実ではあるものの、自分を本当に生かしきるかどうかにおいては、人によって雲泥《うんでい》の差が生じてしまうのです。

私たちは自分を生かしきることで喜びを感じます。

自分を生かすことは、自分が自分として生まれ、自分として生きていることへの回答であり、喜びなのです。

喜びのない人生は、どこかが間違っているのです。

どんなに正しい生き方であっても、どんなに人から認められ賞賛される生き方であっても、そこに喜びがなければ、私たちは私たちの本性をゆがめて生きているに過ぎないのです。


哲学や精神病理学や医学や宗教などのその最終とする目的は、人生や生きることの喜びを求めてのものでしょう。それらの学問や宗教などが、私たちに喜びのヒントを与える場合はあっても、それよりもなお私たちは、自分自身と自分自身の生き方を見つめ直すことで、もっと容易に喜びに到達できると思うのです。

自分のイヤな面やマイナス面にあくまでこだわり、それを否定し、それをなくそうとするのか。

または、自分のマイナス面もプラス面もそれなりに認めて、それを自分の全体像に位置づけるのか。

私たちは両者のどちらをとるかによって、喜びのない人生か、喜びの人生であるかが決まるのです。

この本では、こうした観点からすべてが語られています。


目標はひとつです。

あなたに喜びを取り戻してほしいのです。

喜びの人生をおくっていただきたいのです。

なぜならそれがすべての答えであるからです。

◇誰もあなたを不幸にすることはできない

自分の素晴らしさに気づいて、自分の素晴らしさに目覚めて人生を生きていくのか、自分を嫌いつつ、自分を責めつつ人生を生きていくのか、それは周囲で決めることではなく、自分自身で決められることなのです。

自分で自分の運命が決められると思えば、下手な運命論にまぎらわされることもありません。

誰も私たちを不幸にすることなどできないのです。

同時に、誰も私たちを幸せにすることもできません。私たち自身が知らず知らずのうちに決めていることなのですから。

基本は喜びです。中心は喜びです。

私たちは何かを決める場合、どれが正しいか、どれが良いのか、と考える習慣がついています。その結果、正しいと思うもの、良いと思うものに、つい振りまわされてしまうのです。

しかし、この世に本当に正しいもの、良いものなどあるのでしょうか。

それは、年齢や社会状況や時代や環境によって異なるものです。

人殺しを国が奨励する戦争時もあるのですから、何が正しいか、何が良いかということは、基本や中心には成り得ない概念なのです。

そのようなものに、私たちはゴマかされてはいけません。

それらは社会のルールにはなれても、私たち自身の生き方の中心に置くことはできないものです。

喜びの人生に変わる瞬間

月曜日の朝、街をゆく人々の顔を見ると、残念なことに、あまり喜びが感じられません。

みんな仕方なく、あきらめて、会社や学校へ足を進めているかのようです。

なんでそんなにしかめっ面をしてまで苦しい生き方を、私たちは選択するのでしょう。

なぜ喜びのない人生を自分に課すのでしょう。

それは、とりあえずはみんなと一緒に同じことをやっていたほうが無難という、消極的な安心感のためなのでしょうが、それがまたどんなに味気なく苦しいものかを知っているのも私たちのはずです。

〝こだわり〟が消える時

人生の基本が、人生の中心が「喜び」であることに気づきさえすれば、私たちは今の生き方が、今の自分が、いかに間違っていたかがわかるのです。

喜びの人生に変えるには、「不安」をあたり前のこととして受けとめる必要があると思います。

多くの人が不安を過大視してそれにゴマかされてしまうのです。

不安というのは、生老病死を避け得ない人間が抱く当然の感情であって、これを不当で理不尽で自分にそぐわないものだとするから、隠れた不安感を一層強大なものにしてしまうのです。

TVや雑誌やメディアに登場する人間のイメージは、一般の人は、健康で明るく、不安感を持っていない風に装っています。

たとえばガン患者についての記事をとり上げる場合でも、ガンにかかった人だけが気の毒で特別だという意識で、マスコミはとり上げたがります。

しかし実際に、三人に一人はガンで亡くなっているのです。三人に一人という確率は、特別なものであるワケがありません。

みんなガンで死ぬ、といった表現でさえオーバーでなく聞こえるくらいの確率でしょう。

それを特別なもの、特に不幸な人……というイメージでとりあげるため、私たちはかえって、その恐怖や不安を内奥にしまい込んでしまうのです。

生老病死はみんなにとって不安なはずです。それを一般人の明るさと対比させて扱えば、不安を簡単に口にすることはできなくなり、かえって私たちが不安に支配されてしまうのです。

私たちは人間である以上、多少の遅かれ早かれはあれ、誰もが生老病死の宿命を味わうのです。

それを事実として認め、受け入れることで、ではどのように生きようかと、はじめて私たちは前向きな考えが浮かんでくるのです。

それこそが人間の尊厳であり、自分だけが他の不幸な人をよそに安全でいたいと思うような意識からは生まれない、尊い人間性なのです。

美醜をはじめ、性格や自分に対するこだわりも、いずれ自分もみんなと同じように、老病死の宿命に沈むことを認めれば、やがて消えてなくなります。

老病死の前では、自分の容姿も才能も財の悩みも、何ら大きな意味を持つことがないためです。

加算法で人生をとらえるということ

では、このように決定的な意味をもつ老病死を認めると、なぜこれまでより前向きに生きられるようになるのでしょう。

つらい現実を忘れていたほうが、知らないでいたほうが、かえって前向きに生きられそうなものですが、それが違うのです。

それは、人生を「減点法」でとらえるか、「加算法」でとらえるかの違いといえます。

もしも人生を減点法でとらえるとすると、どんなに良いことがあったとしても、どうせ死んでしまうのだから、何の意味もない、といった形となり、それならば、あえて苦しかったりつらいことから目をそむけ、その場その場で楽して生きていったほうがよいという人生観が生じます。

一方、人生を加算法でとらえるとどうなるでしょうか。

どんな人間も老病死の宿命から逃れられないなら、それを事実として認めて受け入れる。最もつらいことを受け入れた以上は、それ以後の残された人生はすべてプラスであり、それを精いっぱい満足できるものにしていこう、自分の全精力を残された人生で何ができるかに賭けてみよう、となるワケです。

どうせダメだから残された力を温存するか、どうせダメだから今ある力をさらに高めてチャレンジするか、の違いが生じてくるのです。

私たちはどちらの生き方をも選択できるのですが、人間の本性に、よりどちらの生き方が近いかを考える時、答えはハッキリしているのです。

私たちの本性が喜びである以上、毎日失われ、減点していく自分自身に、私たちは喜びを抱くことはできないのです。

私たちが喜びを抱けるのは、自分の希望にむかって、前向きに進んでいる時であり、残された生命をいとおしく味わっている時であり、自分の可能性を広げている時なのです。前向きに希望に向かえば、自信と成功とが従ってくるでしょうし、いとおしい時を味わうなら、友情や愛情が従ってくるでしょう。

自分の可能性を広げていけば、私たちはいずれ自分の使命や天命を知って、社会や世界と和合できるのです。そうして喜びはますます深く広がります。

一回の呼吸、たったひと言の言葉で魂が変わる

また、加算法で人生を考える有難さは、「遅い」ということや「手遅れ」ということがない点です。

減点法では、何か重大なミスやダメージを負った時点で、もう自分の人生に意味はなくなり、あとは生き恥をさらすだけといった状態となります。

しかし加算法では、残された時間自体に意味があるのですから、極端な話、あと数時間で死んでしまう人だとしても、人生に意味を見出すことができるのです。

あと一時間の命で何回の呼吸ができるでしょう。

一分に二〇回として一時間で千二〇〇回、自分が生きている証《あか》しを味わえるのです。

死を受け入れた心にとっては、残された一回の呼吸でさえも、生の証しとなり得るのです。

残された千二〇〇回の呼吸を元に、私たちはどんな言葉も吐くこともできるのです。

私たちの語るたったひと言が、残された人たちの魂を一瞬にして変えてしまう、強力な生命のかたまりとなって噴射することさえあるのです。

私は宗教には無関心ですが、イエス・キリストの十字架上の言葉をよく思い出します。

イエスと一緒にはりつけにされた罪人が二人いたのですが、そのうちのひとりはイエスをあざ笑って、

「神の子なら自分自身を救え」

と吐き捨てるように言います。

もうひとりの罪人は反対に、自分の罪を悔い、イエスには何の罪もないのに十字架にかけられて、と、人間としての人情をふりしぼってイエスに語りかけます。

するとイエスは、

「今宵のあなたは私と共にパラダイスにいるであろう」

と、罪人の救われた魂をなぐさめるのです。

死にいく十字架上で、ひとりは残された時間と呼吸を、自分と人を呪うために使い、ひとりはそれを魂の目覚めのために使ったのです。

たった一回の呼吸、たったひと言の言葉には、その人の全生涯のマイナスをも救う、魂の救済の可能性が秘められていたのです。

大切なのは過去ではありません。大切なのは今であり、未来を築くことなのです。今のあなたに、一体どのくらいの時間が残されているのでしょう。

一時間ですか、二時間ですか……？　そんなことはないはずです。

私たちもいずれは死ぬ身であるとはいえ、まだまだ多くの時間が与えられているはずです。

たとえあなたが何歳であったとしても、どんな苦しい過去を背負っていたとしても、最悪の絶望状態にいるとしても、決して遅いということはないのです。

たった一回の呼吸で、たったひと言の言葉で、私たちは救われる存在でもあるのですから。

1

あなたの中に二人の自分がいる

〝理想の自分〟ともう一人の自分

あなたの中に二人の自分がいると、そう感じたことはありませんか？

楽天的な自分と悲観的な自分。
広い心の自分と狭い心の自分。
人を愛する自分と自己中心的な自分。
感謝のうちに生きる自分といつも何かを責めている自分。
希望に満ちあふれた自分と生きていることがむなしい自分。
……まるで正反対の自分が心の奥でせめぎあっているように。

でも二人の自分があまりに違いすぎると、本当の自分はいったいどっちなのか、
わからなくなってしまいます。

二人の自分をどちらも愛する

しかし考えてみると、赤ちゃんや子供だって、泣く時もあれば笑う時もある。突然プーッとふくれて機嫌が悪くなる時もあるし、ニコニコと自分のお菓子をさしだす時だってあるのです。

そんな色々な面を出しても、赤ちゃんや子供のことを二重人格という人は普通はいないでしょう。どちらも可愛い赤ちゃんの本当の姿なのですから。

私たちも、それと同じではないでしょうか。

相反する感情や気持ちを持つことは誰にもあるのです。どちらも自分が持っている一面の「真実」といえるでしょう。

ただ私たちと赤ちゃんの違う点は、そうした自分の二面性を、自然なこととして受入れているか受け入れていないかにあるように思えます。

赤ちゃんが泣いたり笑ったりしても、それを自分の「二面性」だと感じることはありません。二面性に悩んだりとまどったりするのは、私たち大人だけなのです。

では、なぜ私たちは自分の二面性にとまどい、悩むのでしょう？　それはおそらく「自分の理想像」にこだわる気持ちが働いているためなのです。

内なる自分の「もっと愛して！」「もっと認めて！」願望

私たちは成長していく段階で、大人としての立ち居ふるまいや態度を、親や周囲の人たちから教えられていきます。

「あらあら、そんなに泣いたら、みんなが見ているでしょ」

いつもそういって泣くのをやめさせられた子供は、少しくらいつらくても、泣かないほうが立派だという考えを心の内にきっと持つようになる。これが「理想像」になるワケです。

そして無理をしてでも、「理想の自分」を演じるようになっていくのではないでしょうか。

ことに、親の愛情に自信が持てない子供は、何としても親の愛を得るために、親が喜んでくれそうな理想の自分をつい演じるようになってしまうのです。

「お母さん、ほら私、ちゃんと言いつけを守っているイイ子よ！（……だからもっと愛して！）」

「お母さん、私、本当は泣きたいけど、ガマンして笑っているの。イイ子でしょ。（……だからもっとやさしくして！）」

「お父さん、本当は遊びたいけど、いわれたとおり勉強しているワ。（……だからもっと認めて！）」

親からみて問題の少ない良い子だったという人は、こうして精いっぱいの無理をしながら生きてきたのかもしれません。良い子であるためには、反発心は心の奥にグッとしまいこんで、自分の中にある、もっとも良いと思われる面を強調する以外にありません。

本当は色々な性格や能力、感性などを持っていたとしても、それらの表現方法がわからないために、親から認められているもっとも良い面のみを、強調することになってしまうのです。

「うちの子は負けず嫌いで、何でも一番になりたがるのよ！　ホホホホッ……」

　こうして、日頃から親が、

「子供にはこうあってほしい」

という理想像をチラつかせていると、子供はいつしか親の期待を察して、

「一番にならなくては！」

と思うようになるはずです。

　その時、たとえその子供の中に、人にゆずってあげたいというようなやさしい気持ちや、のんびりと美しい夕日をながめてボンヤリしたいというような気持ちがあったとしても、それらはあってはならない感情として、心の隅に押し込められてしまうのです。

心の隅にうずくまっている、あなたの知らない〝あなた〟

　そうしていつしか、子供の中にあった色々な性格や能力、感性などはどこかに追いやられ、形にはまった理想化された自分の意識ばかりがふくらんでいきます。

　それは期待から生み出された観念的な自分像でしかないのですが、ほかの自分ら

しさは心の隅に押し込められているため、あたかも本当の自分であるかのような思いに至ってしまうのでしょう。

親から必要以上に期待され、「理想的な子供」を強調されながら育ってくると、私たちはどうしても、「理想の自分」が本当の自分であるかのような錯覚におちいりがちです。

しかしどう錯覚しようとも、心の隅に押し込められていた自分の感情が消えてなくなるワケではないのです。

たとえば、「誰とでも仲良くできるやさしい子供」を期待されて育ったとしたら、どうしても闘争心は心の隅に押し込められるでしょう。

するとその子供は、自分が本来持っていた闘争心を自由に出せなくなるため、その能力を上手に磨けなくなるのです。

最近の子供はあまりケンカをしないといわれますが、いったんケンカになると今度は加減がわからず、やりすぎてしまうといわれます。やさしい子供を期待されて育ったので、闘争心を磨くことができなかったのです。

自分の中に押さえ込んでいたものが外に出てくる時、ものすごいいきおいで爆発してしまうのも、不思議なことではないのです。

親から認められずに仕方なく押し込められてきた多くの感情や感性は、こうして私たちの心の奥に、いまだ磨かれずに残されているのです。

〝理想の自分〟なんてどこにもいない

心のやさしい自分と心の冷たい自分とがいて悩む時、これまでの私たちは、

「いったいどっちが本当の自分なの？」

と考えてしまうのですが、そうではないのです。

どちらが本当というのではなくて、一方は「理想の自分」、もう一方は、「認められずに押し込められていた自分」という、自分の中のそれぞれの一面を示していたワケです。

そして理想の自分にこだわるということは、今でもまだ、自分が親の植えつけたところの命令にコントロールされているということです。

「親に期待された自分を演じていきたい」と思う裏には、「親から見離されたら生

きていけない」と思う心理が、まだ根強く働いているのです。

そうした心理は、私たちが大人になるにつれて、ほかの人間関係や社会関係全般に投影されていきます。

「あの人に悪く思われたら生きていけない……」

「会社で無能だと思われたらどうしよう……」

「何としてもよく思われたい……」

このような気持ちで人生を生きているとしたら、私たちは親が植えつけたところの理想像から、まだ自由になっていないということなのです。

自分の〝影〟の部分をやさしく見守るということ

ではどうすれば、理想と、それと正反対の自分像との間で葛藤に悩むことなく、ラクな気持ちで生きていけるのでしょうか。

それには、押し込められていた都合の悪い自分の一面を安心させて、もっと認めてあげることが大切なのです。

相手に甘えられない原因は

たとえば、厳格な家庭で育ってきた人は、年頃になって恋愛に関心を抱くようになったとしても、その気持ちをオープンにすることはむずかしいはずです。

恋の話はおろか、アイドルに関心を抱くことさえ、はばかれるような場合もあるでしょう。

厳格な親に認めてもらいたい子供がとる道は、

「アイドルや恋愛になんて、まったく関心ない！　そんなことより、今大切なのは高校受験」

こんな思考過程を何度も何度も繰り返しながら、まったく疑問を感じずに大人になってしまった人は、恋愛感情の抱き方が、未熟な段階で止まっているのです。

どのような心理も、感情も、感性も、一足飛びに成熟することはなく、いくつもの段階を経て、しだいに成長していくものである以上、仕方ありません。アイドルにあこがれる。クラスメイトの一人に関心を抱く。言葉を交わすようになる。そして好きになる……。そんな誰もが体験するあたり前のことをとおして、恋愛感情を段々と成熟させていくのが私たちなのです。

しかし自分の理想像が邪魔をして、初歩の段階でそれをストップさせられたら、意識は未熟な状態のままになってしまいます。

そうなれば、その人は大人になってからも、恋人に対する自分の素直な感情と「理想の自分像」を守ろうとする意識との間で、みずから矛盾した気持ちを抱かざるを得なくなるでしょう。

「本当は甘えたいのに、イザ恋人を前にすると、自然な感情が出せなくなる……」
「恋人に本音で文句のひとつもいいたいが、前に出ると、理想のものわかりのよい自分を演じてしまう……」

こんなふうだからといって、「いったい本当の自分はどっちなの？」と考える必要はありません。押さえられ、ストップしたままの感情を残していることからくる混乱であるということなのです。

自分の〝感じ方〟を発見する

未熟でストップしたままの感情を認めて出してあげれば、それはいずれ成熟し、対立する二つの感情で悩むことはなくなります。

そのためには、身近で簡単なことからはじめましょう。

たとえば、これまでバカらしいと思って遠ざけていた芸能人の話題にもはいってみたりすると、面白いのです。

芸能人に一度も関心を寄せることなく、自分の中で理想の恋人像をつくりあげてきた人が、実生活では恋人に甘えられずにいるような場合、一度、思いきって、どこかしら気になる芸能人を見つけて、

「○○さんってけっこう可愛いわよね」

などと、感じたとおりを口に出していってみることです。

こんな簡単なことで、私たちはどんなに救われるでしょう。

リストやバッハ、シューベルトのつくった曲が好きだという気持ちも、アイドルが好きだという気持ちも、「好き」ということでは何の差もないのです。

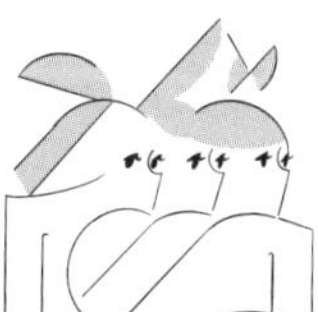

それを知ることは大げさにいえば、「自分の感じ方」を発見することです。

モーツァルトも米津《よねづ》玄師《けんし》にも感動できる人は「自由人」だといえます。

逆に、ポップスをバカにして、自分のクラシック好きをいかにも芸術を解しているかのように吹聴する人は「不自由人」なのです。

生まれてこの方、芸能人というものに一度も関心を寄せることなくそれを遠ざけてきた人が、観念的な気持ちを取り払い、ふっと気に入ったアイドルや俳優をほめることで、その晩、これまでの自分に課せられた理想像を忘れて、素直に恋人やパートナーの胸に顔をうずめられるかもしれません。

学ぶ能力は、嬉しいことに子供よりも私たち大人のほうが早いのですから、気づきさえすれば、これまでのギャップをアッという間に埋めることが可能なのです。

よくないと思って閉じ込めてきた自分の色々な感情や能力、感性に、私たちはもっと目を向け、やさしく見守って表現してあげるべきでしょう。

ズルい自分も素直に出してみる

やさしい自分とズルい自分との二面に悩む人は、ズルい自分の面を、あってはならない悪い面として完全に否定するのではなく、

「あらあら、図々しいわね。でも、ちょっと面白いね！」

と思いつつ、いつもは必ず人に残していた最後のひとつのお菓子を自分がとってしまうなどして、ズルい自分を肯定し、やさしく見守ってあげることです。

本当にたった一回だけのこんな小さなことで、これまで何十年にもわたって、かたくなに持っていたこだわりが、サーッとなくなっていくこともあるのです。

果たせないでいた自分の「影」の部分に、やさしく許しの思いを抱き、

「おや、おや……」

と思いつつ、それを認めてあげることで、私たちは心のバランスを回復していくことが本当にあるのです。

そうすると、モーツァルトもいいし、ほかのものもまた同じようにいいと思える

ようになるでしょう。

そうしていくうちに、自分の中に満たされないものがだんだんとなくなってくるのです。すると私たちは、何かにこだわりながら、かたくなに生きるという必要はなくなります。

要は、今自分がバッハを聴きたいと思っているのか、K－POPが聴きたいと思っているのか、なのです。

バッハが聴きたい時にはバッハを、K－POPが聴きたい時にはK－POPを聴けばよいのであって、バッハを聴くからといってK－POPを否定する必要はないし、K－POPのためにバッハを否定する必要もないということです。

なんでもその時々で自分でよいと思えば、私たちは自由となり、心が豊かになるのではないでしょうか。

好きな自分・嫌いな自分

誰にでも、好きな自分と嫌いな自分の二面があると思いますが、そうした二面性の中で、多かれ少なかれ私たちの心は揺れ動きます。

性格のよくない部分はこうしてできる

自分の性格のイヤな面を直したいと思っている人は大勢いると思いますが、なかなかむずかしいことでもあります。

なぜ自分が今のような性格になったのか、その本当の理由を正しく理解するまでは、自分の性格というのは変えることはできない面があるからです。

多くのケースでいえることは、今の性格によって、自分を守っている面が少なからずある点です。

たとえば、人見知りする人にしてみれば、人見知りしないとやっていけないという面があるからなのです。

どんなに自分の性格がイヤでも、実際に変えることができないでいるウラには、自分のイヤな性格を実は必要としているワケです。

演技する人には演技する人が近づく

ではどうすれば、このようなマイナスの自分にこだわることをやめて、私たちはもっと明るく生きることができるのでしょうか?

答えはひとつではありませんが、大切なポイントを述べておきましょう。

まず、

「自分はありのままの本当の自分では人に受け入れられない」

と感じている点を考え直すことです。本当のあなたでも、受け入れてくれる人はいるはずなのです。

自分を変えなければ人に受け入れられないと思ってしまうから、演技する自分にこだわってしまうのです。

そして、演技する自分に集まる人間は、同じく演技をしている他人であり、演技する者と演技する相手との間には、真の親しさや信頼はわかず、交流の底には冷たい敵意が流れてしまうのです。

そうした不安が、ますます私たちを、見せかけの楽しい交流を必要とする悪循環へとかきたててしまうのです。

他人の感情は自分のせいではない

次に大切なポイントは、自分と他人とは別の人間であることを正しく認めることです。

私たちが対人恐怖症的な状態になると、他人が機嫌を悪くしたような場合、なんだか自分が責められているような、自分に原因があるようなそんな気がしてくるものです。

相手の機嫌や態度に自分が責任を感じてしまうと、相手の機嫌や感情の変化を恐

れて、私たちは相手に呑み込まれてしまうのです。

私たちは決して、他人の感情に対する奉仕者ではありません。他人が面白くない時に面白くなく感じるように、私たちも面白くない時は面白くなく感じてよいのです。

お互いに自由な感情を持てるか持てないかは重要な問題です。

「不機嫌になったのはみんなあなたのせいよ……」

といったように感情を武器に使うおどしに、私たちは決して負けることはないのです。

ズルい親は子供に対してそうしたやり方を用いて、私たちの罪悪感を誘い、単にあやつろうとしていただけなのです。

そうした不要な恐怖から目を覚まし、自分と他人とは別の人間であること、そして、別の感情を抱くものでそれに対しては何ら責任がないことを、私たちは気づくべきでしょう。

私たちが人を恐れはじめると、関心は、

「人が自分をどう見ているか」

の一点に行きつきます。そして疲れてしまうのです。

本心と生活が一致することが大切

人間には生まれつきの性格がありますが、短気だとか、気が強いというのは、意外にも後天的につくられた性格であることが多いものです。

先程も述べたように、それは本来の性格というより、自己を防衛するためにつくられた、やむを得ない自己表現である場合があります。

たとえば、ちょっとのことでイライラしたり怒ったりということは、自分が今進んでいる方向が、本当に自分が望んでいたものとは違っている場合に起こりがちです。

マイナス感情は生き方の間違いを教えるサイン

「本当は早く手に職をつけて活躍したかったのに、親にすすめられたから親の喜びそうな大学にはいった……」

「聞こえのいい会社に就職はしたけれど、内心ではほかのことがやりたかった……」

「自分は表面的にはいつも明るくほがらかにふるまっているけれど、本当は非常に考え込む性格だ……」

とか、要するに本当の自分の心と、実際に表現している自分が分裂している時、人間は誰でもイライラしたり、怒りやすくなるのです。

とくに、今自分が進んでいる方向が心の奥で望んでいるものと違う場合、人間は理由もなくイライラすることが多くなります。

イライラに限らずマイナス感情というのは、必ずといっていいほど、何か自分では気づいていないが生き方を間違っているサインと受け取ってよいでしょう。

ユウウツは、何かをガマンしているサインですし、焦燥感やむなしさは、間違った価値観や義務感を、自分の勇気がないために仕方なく受け入れている時のサインなのです。

この点からもう一度、自分の本心と自分の生活が一致しているかどうか、考えてみることが大切でしょう。

ムダを楽しめる人が本当に偉大な心を持っています

私たちは人生の意義について考える時、今、自分が不幸であればあるほど、また人生に満足していなければいないほど、人生の目標とするものが立派なものでなければならなくなる、ということが起こります。

そして、お題目のような目的を見つけては、理想とする自分に近づくための準備

や努力を開始するワケです。

しかし私たちの心も体も、理想ではなく現実の条件に規定されて存在しています。

自分を許せる人はものごとに集中できる

たとえば、私たちの体を例にとっても、

「眠ろう、眠ろう」

と意識すればするほど眠れなくなってきます。

また、仕事がたくさんある時、

「やらなくちゃ、やらなくちゃ」

と思えば思うほど重荷になって、ほかのことに目がいき、ついサボってしまったりするものです。

やりたいことになかなか集中できないのは、現実に目を向けず、理想の自分にこだわっていることなのです。

理想達成のために自分にムチ打つことが努力ということだと勘違いし、自分を徹底的にいじめる私たち。

眠たくないのに眠ろうとするのは、自分に対するいじめであることに気づかないのです。

私たちは、もう少し自分を許す習慣をつけるとラクになると思います。

具体的にいいますと、英語の勉強がしたくないのなら、

「あ～あ、イヤだけど仕方ないから、英語の本のページでもとりあえずめくってみるか……」

と「本当はイヤだけど」という自分の気持ちに、決して嘘をつかないことです。

私たちは、

「バリバリ、バリバリ英語を勉強しなくてはいけない」

と思っているから、それができないのです。

何もバリバリやらなくても自分なりにやればいいのです。そうすると、自分が許してあげることができるから、かえって集中できるようになってくるものなのです。

道端のバラに目をやる生き方

私たちが理想の自分ではなくて、実際の自分を大切にするようになってくると、ムダなことやムダな時間にも焦りを抱くことなく、楽しめるようになってきます。

ムダな事柄や時間とは、その人の人生の目的になんら貢献しない事柄や時間のことです。ただそこに関わることの楽しみ、ただそこにいることの楽しみ、ムダを楽しみ愛することとは、ただ自分が生きていることの肯定によってしか味わえないものなのです。

職場に急ぐ私たちに、道端のバラはなかなか目に入りません。出世を急ぐ人には、会社を辞めて過疎地に移住する若者の気持ちはつかめないでしょう。

ムダを楽しむ心があるから、私たちはただ生きるということの価値を信じることができるのです。

〝いじめ〟に走るのは自分のことを憎んでいる人

自分の本当の価値に気づかないと、私たちは他人よりも優位に立つことで、また優位の者をさげすむことで、ストレスから逃れるための小細工をはじめます。そのひとつに〝いじめ〟があります。

社会の中には、目立った特徴を持つ者をさげすんだり、バカにしようとする人がいます。

しかしそういう人は、実は自分を憎んでいるのです。自分自身に劣等感を持っていて自分が嫌いなため、目に見える他人の劣る部分をバカにすることで、自分の病的心理を癒《いや》そうとしているのです。

けれども、そんなことをしたところで癒されるワケがなく、人の弱点をバカにすればするだけ、自分を嫌いになっていって、必ず自滅してしまうでしょう。

大ローマ帝国もその末期は、弱者に対するいじめが横行しました。それは国が滅ぶ大きな前兆でした。

私たちが救われるには

私は、弱者をいじめる最近の世相に、非常な不安を抱いています。

まず学校でいじめが横行するようになりましたが、これは学校制度が滅びる前兆です。すでに滅んで形だけを残しているにすぎないのかもしれませんが。

会社内で劣等者に対するいじめが主流となれば、その会社は潰れます。内部から滅んでいくのです。

個人も同じでしょう。他人をいじわるい目でながめる人は、自分自身の人生を棒に振っているのです。人をさげすんで一時の安心を得るかわりに自分の人生を棒に振るのでは、あまりにもったいない話です。

人間として生きていくことの価値を知れば、人に対するいじめはなくなります。生きるということそれ自体に価値があることを知れば、私たちは自分や他人の人生を、冷たく見離すことはできなくなります。生きることの意味は、損得をはるかに超えたところに存在するのです。

だからこそ、何の得にも、効用にもならない事柄に夢中になったり、つきあって

も何の得もないが、ただつきあうだけで楽しい、そういう人間関係を大切にしていくことで、私たちは本当に救われもするのです。

幸せな人、楽しく生きている人から学びましょう

純粋な気持ちで夢中になれること、ただ会って楽しい友人、そういうものを持っていない人は、どうしても暗い心理に傾きがちです。

成人になっても性格が暗いと、けっこう困ることが多いでしょう。暗いというのは、いつもいつも自分のことにこだわっている証拠なのです。自分が暗ければ、暗い自分像から逃れるために、私たちは他人の不幸に敏感に反応するようになります。人の不幸を聞いて安心するのは、それによって自分の自尊心を保つことができ、安心するためです。

しかしそれでは、真の人間関係はつくれないでしょう。

〝運勢の法則〟というのは面白いもので、自分と他人とに区別をつけないものなのです。

たとえば、人の出世をねたむと、その人は出世しにくくなるし、人の豊かさをねたんでいるうちは、決してその人は豊かになれません。

これは口先のきれいごとではなくて本当だから怖いのです。

楽しい毎日を送りたいなら、楽しい毎日を送っている人に近づくことです。そして、その人のよい面をマネてみることです。

本当に幸せな人は決して人を傷つけません。人を傷つけるのはみんな、不幸な人なのです。

暗い人はつい、不幸な人のそばに近寄りたがります。それは一時のなぐさめを与えられるだけで、真の友情のかよわない世界になります。

私たちは、幸せな人、楽しく生きている人から、もっと多くを学ぶべきです。

私たちが本当に幸せになるためには、私たちは人間として成長しなければ無理だということでしょう。

人間的に成長するとは、生きることがラクになっていくのと同じことです。

苦しんでいる人は、そういう運命に生まれついたというワケではなく、まだ成長する余地を多分に残しているということなのです。

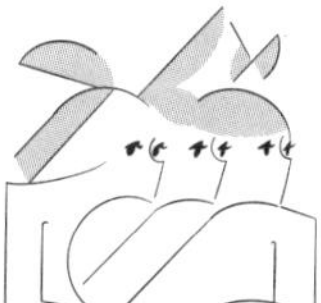

未来はどうにでも変わります。

嫌いな自分に安住することなく、好きな自分を誇示することもなく、ありのままの自分を認め、その自分で生きていこうと改めて確信することが、大切なのではないでしょうか。

CHAPTER TWO

2

あなたは傷ついていますか？

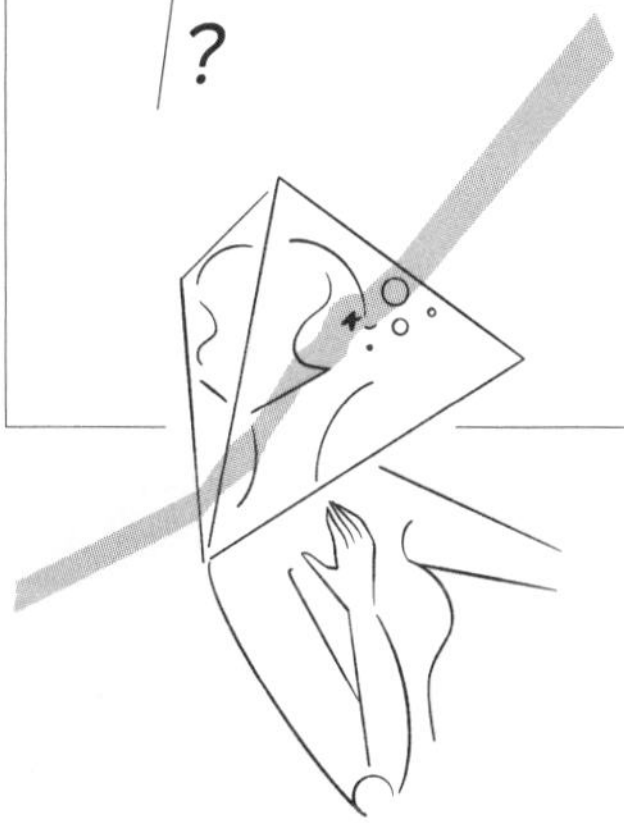

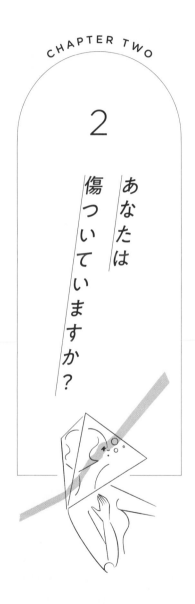

傷つき、もつれた心がこうしてほぐれていく

私たちの心はよく傷つきます。

傷ついて落ち込み、落ち込みから脱するまでに時間を要し、何かのきっかけで再び前向きになり元気で生きていくものの、再び傷つき、落ち込み……というようなパターンで生きてきた人もいることでしょう。

それにしてもなぜ、私たちは傷つくのでしょう。また、何に傷つけられているのでしょう。

誰かによって、または何かによって傷つけられるのはたしかなのですが、果たして人間は本当に、「他人」によって傷つけられるのでしょうか。

こうした心のメカニズムを知っておくのは、とても大切なことだと思います。

水に流せないのはどうして？

たしかに私たちは、はじめは誰かによって傷つけられるのです。

他人の心ない言葉、心ない態度、徹底的な無視、悪意、妬《ねた》み、失恋、批判、過度な肉体の苦しみ、他人と自分を比較されることから生まれる劣等感……こうした体験をとおして、私たちは他人から傷つけられていきます。

しかしそれは、誰もが同じに体験することです。あなただけが経験するのではありません。

同じイヤな目にあっても、時がたてばすっかり忘れてしまう人がいる一方で、心の傷を忘れることなく、いつまでも持ち続ける人がいます。

実際にあった事件ですが、クラス会の後で何人かの人が中毒症状を起こして病院に担ぎ込まれたことがあります。

犯人はクラスメイトの一人で、学生時代に自分をいじめた友人に対する復しゅうのために、食べ物の中に毒物を入れたのだということがわかりました。犯人にとっ

てはそれほど心の傷は大きかったのです。

何年にもわたって自分を傷つけた人間に対する恨みや怒りを抱き続けぬ限り、こういう事件は起こりようがありません。

おそらく犯人は、卒業してからの人生もきっとうまくいってなかったのでしょう。うまくいかない原因を、すべて過去の心の傷と結びつけて考えていたに違いありません。

今が幸せならば、たとえどんな過去を負ったとしても、私たちは過去の恨みを基本的には水に流している、あるいは流せているはずです。

思い出せば今でも腹が立ち、ズーンとイヤな思いになるかもしれません。しかし、今自分のやりたいことに前向きに取り組んでいれば、過去の傷に今もなお自分が支配されたままになっているはずはないのです。

過去の痛みを解放していく

私たちはここでもう一度、傷つくとはどういうことなのかを理解しておく必要があると思います。

　傷ついた過去があったとしても、「今」という時を、そのことを忘れて前向きに取り組んで生きていればいいのです。それで、もう傷ついているということにはなりません。

　傷ついているというのは、過去の傷つけられたことが今でも心のしこりとなって残り、今やるべきことが、どうしても自分の感覚でおこなえない状態をいうのです。

　肉体の傷なら、たとえば足をケガした人は、傷がなおるまで片足をかばう歩き方になりますが、傷がなおれば普通に歩けるようになります。

　しかし心の傷の場合は、意識の中に永遠性があるため、傷ついたその時の感情がずっと残り続けるのです。そのため、過去の心の傷にとらわれたまま一生を送り続ける人も出てきます。

　傷ついているという気持ちは、自分を守ろうとする意識を引きだします。ですから「傷から自分を防衛する」ということが、人生のただひとつの目標になってしまうのです。

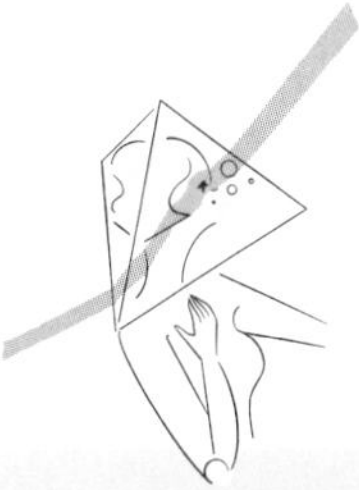

傷ついた自分ともう一度対面してみよう

いいかえると、私たちが何かで傷つき、そのことを忘れられずに今でも心のしこりになっている時、自分の人生はその時点でストップしているということです。

他人から何かをバカにされ、笑われたことで傷ついた人が、二度と笑われまいとして自分の劣等部分を隠そうとしだす時、自分自身の人生はその時点でストップしてしまうのです。

笑われまいと努力することで、実は自分の人生を他人にゆずってしまっているのです。自分の人生を支配しているものは、自分自身ではなく、他人の目なのですから。

「傷つく」ということは「自分の人生を他人にゆずること」だということを、私たちは決して忘れてはいけないのです。

自分を笑った人に復しゅうをしたあの犯人も、自分を傷つけた他人に対する恨みを抱き続けたことで、傷つけた他人にずっと支配され続けていたのです。

私たちも自分を振り返り、何かで傷ついていないか、もう一度考えてみましょう。

あなたの今の努力は、本当に自分のためのものでしょうか？

笑われまいとして、よく思われたいために、または恐怖から逃れるための努力だとしたら、私たちは自分の人生を生きていることにはならないのです。

もしそうなら、どこかでストップしてしまった時点に戻り、その時の傷ついた自分ともう一度対面してみましょう。

私（著者）の失恋体験

私もかつて、自分の人生をストップさせてしまいました。原因は失恋でした。

恋愛は本能に裏打ちされる、極めて強い衝動や感情を伴います。

恋愛が人生の重大なテーマになり得るように、それに伴う挫折もまた、人生の転

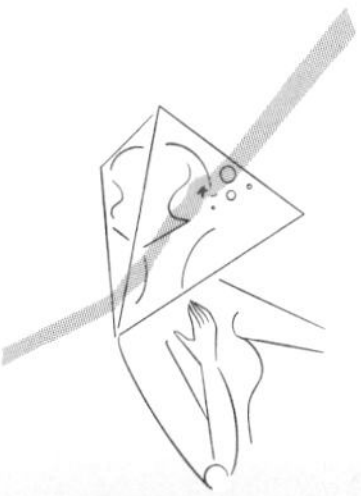

機になることがしばしばでしょう。

人生において、お金や地位に対する渇望も大きいでしょう。ただ愛情に対する渇望のほうが、より根源的な気がします。

むしろ愛情の渇望が満たされぬ時、人間はその代償としてお金や地位を渇望するという場合が多いのではないでしょうか。

心理学では、権力渇望を人間本能のようにあつかう場合が多いのですが、権力やお金を渇望する裏には、愛情に絡んだ自分自身の失望体験が隠されている気がしてなりません。

人間は結局、自分自身に嘘がつけない。だから本質的なことで傷つくと、周囲に認められる他の価値を持つことで、その傷を癒そうとするのではないでしょうか。

どんなに努力しても相手の心をとり戻せない時

なぜそんなに出世したがるのか。

なぜそんなにお金が必要なのか。

なぜそんなに物を欲しがるのか。

なぜそんなに人を支配したがるのか。

なぜそんなに人の目を気にするのか。

それはおそらく、本当に愛されなかったことで、自分自身に失望しているためなのです。

無条件で愛されるという安心感を知らないまま育てば、自分には人に認められる価値が他に必要だとの思いはつのるでしょう。

また、幼少期から深く親に愛されてきた人でも、社会に出てからは無条件には人から愛されないことを知れば、その時のショックは大きいことでしょう。

自分が愛されなかったという体験は、私たちの人生の至るところで、私たちを傷つけ、自分自身を失望させるのです。

失恋やまた離婚なども同じでしょう。多くの愛の終わりは、本当にお互い納得して別れる場合は別として、だいたいはどちらかの心変わりが原因でしょう。

相手の心変わりをどんなに察知しても、相手のことを愛していればいるほ

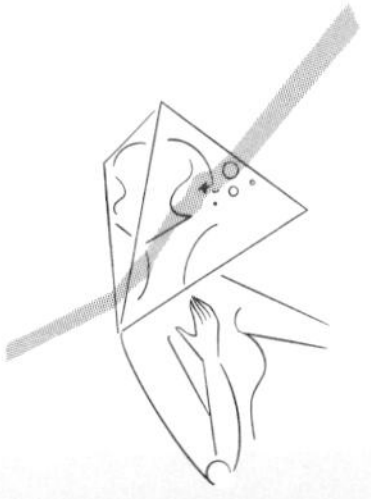

ど、何としても再び前のように愛してもらいたいと私たちは願います。

「このままではダメになるかもしれない……」

と思いつつも、一筋の希望にすがるとか、何とか相手の気持ちに負担がかからないようにするとか、相手の気に入りそうな話題を持つとか、相手の行きたい場所をデート先に選ぶとか……それこそ涙ぐましい努力を重ねて、愛する人の愛の再燃を信じるものです。ハッキリと別れを告げられるとか、「もう嫌いになった」とかいわれればあきらめもつくでしょうが、そうならない限り、なかなか愛する人とは離れられないものでしょう。

要するに、何とかして相手の気持ちを自分に向けさせようとすべてのことを必死にやって努力したのに、それでも相手の愛が自分に戻らないことを知ってしまった時、私たちは、どうやっても愛されなかった自分自身に、心の底から失望するのではないでしょうか。

恋愛で受けた心の傷を癒すために

私の場合もそうでした。

大学生だった私は失恋の痛手で自分自身に失望し、私の人生はそこで止まってしまったのです。

自分自身に失望した私は、もうありのままの自分を認めることができませんでした。私は無意識のうちに、自分の失墜してしまった価値をなんとか挽回することを考えていたのです。

人間は自分に失望したことを、自分自身には隠すものです。

とくに失望が深ければ深いほど、それを認めることはできないでしょう。

もし正直に認めていれば、失恋の苦しみはただ、時間が解決する問題となるはずです。

自分自身への失望を認められなかった私は、本当の自分の姿を認められないがために不安におちいりました。そしてその不安を打ち消すために、また暗に感じている自分への失望と無力感を打ち消すために、その後の人生を生きていくことになっ

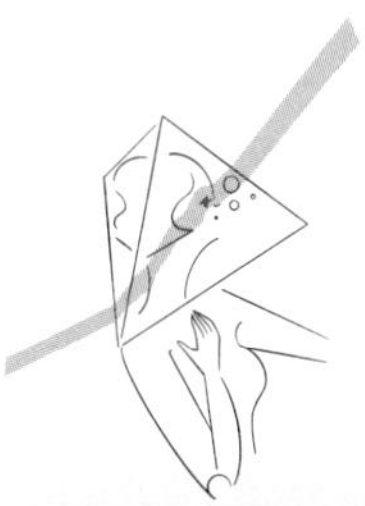

たのです。

しかしそれは、自分の傷を見ようとしないがための「弁解の人生」のはじまりでしかなかったのです。

コンプレックスをバネに生きるのは病的心理!?

立志伝などでよく、「コンプレックスをバネにして成功する」という話があり、フランス皇帝のナポレオンなども例として語られますが、あれは本当でしょうか。バネになるからコンプレックスはあったほうがよいなどという説を、私は信じません。

コンプレックスをバネにして出世した人が、いかに多くの人間を支配し、不幸にしていくものか、本当にわかっているのでしょうか。

自分自身への失望感を救うために

ナポレオンは背が小さくて、言葉もシチリアなまりのため、コンプレックスが強かったといわれています。

本物のフランス風ではない、単なる成り上がりと見られやすかったのです。そんなナポレオンは、自分自身が「フランス」になることでそのコンプレックスを克服したというのです。

まるでそれでは、コンプレックスの克服は人を支配することで達成されるといわんばかりです。自分の病的なほどのコンプレックスをいたわるために、フランスのすべてを自分の道具にするのは、私にはどうしても上策とは思えないのです。

これではナポレオン自身もきっと苦しかったことでしょう。問題は、自分自身に失望しているその心にあるのですから。

たとえフランスのすべてを得ても、全世界を得たとしても、自分に対する失望感を満たすことはできないまま、さらに刺激を求める気持ちと欲望はエスカレートしていったのでしょう。

私の弁解は、失恋した自分の無力感を、自分を他人の目に「凄い者」と印象づけることで満たそうとする形をとりました。

だからといって、当時の私にはお金も地位もありませんでしたし、そうしたものが手にはいる確信もありませんでした。ですから無意識のうちに、芸術方面や知的分野においての「凄い者」をめざすことになっていました。

ただ知的分野といってもあまり勉強はできるほうではなかったので、学術や学問方面には向かわず、アウトロー的な方面に向かったのです。たとえば詩や小説や散文などです。

もちろん無名で実力もない私に仕事がくるワケもないのですが、自分は物書きだ、というスタイルをつくることで納得していたのでしょう。

考えてみれば学生時代には誰にもありがちなことでしょうが、そうしたポーズをとり続けることで、私は失望している自分自身の弁解をしていたのです。

そしてその時から、私の人生はストップし、自分の印象づけにただこだわるだけの、機械的反応としての人生がはじまったといえるでしょう。

心の奥の不安はなくならない……

私は傷ついている自分を認めるのがイヤだったのです。

傷をおおい隠せるような凄い自分のイメージをつくって、あたかもそれが本当の自分であるかのようにふるまうことで、自分の傷を忘れようとしていたのです。

しかしたとえ見せかけの自分をうまく表現できたとしても、それは実際の自分ではないのです。心の奥の不安はさらに高まっていきます。

不安が高まれば高まるほど、まるで麻薬にすがるように、私は自分の理想とするイメージづけにこだわっていったのでした。

人間は本当の自分を隠そうとして、隠すための努力をすればばするほど、本当の自分ではやっていけないという信念を強めていくのです。

足が太いのを隠そうとすればするほど、足が太くてはやっていけないという信念を強めるのです。

自分の学歴を恥じている人が、それを隠そうとすればするほど、自分の学歴では通用しないという思いを強めるのです。

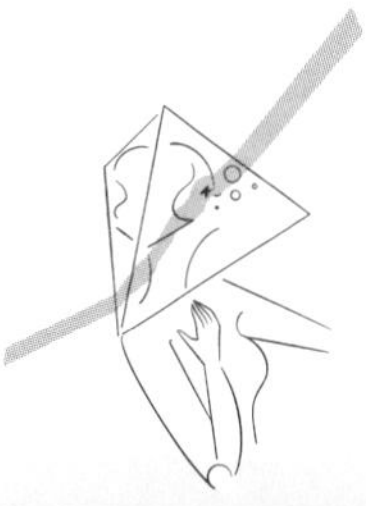

そんなことを繰り返して継続していくと、まるで「信仰」と呼べるほどにまでエスカレートしていきます。

自分に嘘をつきすぎると……

しかし本当に大切なことは、私たちが何か行動したり、発言したりして表現する時、それらの根本にある真の動機が何であるかということです。

どんなに立派な行為をしても、その行為の理由が、自分の弱さや自分の心の傷を隠すためのものであるとしたらどうでしょう。

私たちは立派な行為をすればするほど、自分の弱さや心の傷を深めていくことになるのです。

誰一人、自分の本当の心には嘘がつけないのですね。

私の場合も、あまりに自分に嘘をつきすぎたので、不安は高まっていきました。

表面上はすべてがうまくいっているように見えても、本当の自分は燃え尽きてしまっていたのです。

最後にとうとう私は、自分が完全な絶望状態にあることを認めざるを得ませんでした。どんなに強がりを言おうとしても、もうその気力さえわいてきません。どんなに自分の理想とするイメージにこだわろうとしても、そんな気力はどこにも残されていなかったのです。

体も動かせない。話もできない。目もかすんでよく見えないという状態で、私は文字どおり自分が〝絶望〟の中にいることを知りました。

〝隠していた自分〟を見つめることで絶望から救われる

絶望とは、未来にもまったく希望の抱けない状態ということですから、良い会社にはいりたいとか、お金が欲しいとか、地位が欲しいとかという希望は存在しません。

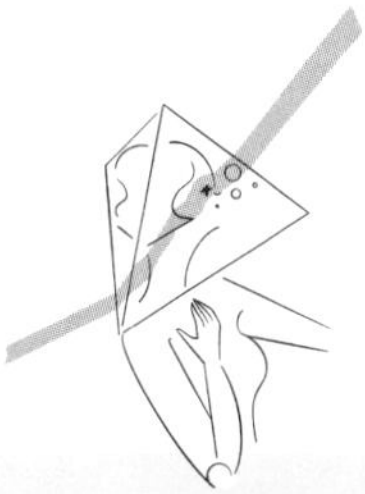

自分の人生に期待することなど、もう何ひとつなかったワケです。

私は自分が幸せになるということをあきらめたというより、永遠に幸せになれないことを確信したのです。

しかし不思議なのはそれからです。

私は自分が絶望しているのを認めたことにより、その時はじめて、自分が思っている自分と実際の自分とが一致したのです。

それまでは、「人から凄いと思われるような自分像」と「実際の自分」とに大きな大きなギャップがありました。

しかし、もうどうにもやりくりがつかなくなり、自分が絶望しているのを認めざるを得なくなって、やっと私は本当の私に戻れたのです。

「自分は一生幸福になれない。ドン底の苦悩を抱えながら、自分はこれから一生、生きていくんだ」

そう思った時、私の胸に去来した感情は、

「凄いなあ。人間はこんなふうになっても生きていくんだ。凄いなあ」

というものでした。

絶望の苦しさの中で、どうにもならない喜びの涙があふれてきました。

夜、布団の中にはいると、

「自分は幸せになれない」という覚悟と共に、これまでに出会った、嫌いだった人も含めて多くの人々の顔が浮かんでくるのです。

そして一人一人を思い出しながら、

「〇〇ちゃん、幸せにね」

「〇〇君、本当に大変だね。頑張るんだよ」

「〇〇さん、それでいいんだよ」

と、それまでの私からは想像もできないやさしさが、自分の幸せを引き渡したかわりに与えられたかのように、とめどもなくあふれてきたことを覚えています。

最悪の状態であってもそれが本当の自分であるなら、その自分を認めることで、私たちは絶望の底からさえも救われるのです。

〝その時〟の自分に戻ってみること

まずは、隠している自分を見つけ、ありのままの自分と出会うことです。そうで

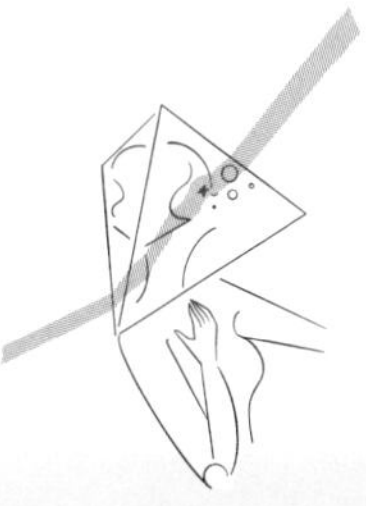

ないと、私たちは「自分の人生」を歩むことはできません。

私たちは、どこかで止まってしまった過去の時点に一度戻ってみましょう。

いつから自己弁護する生き方をはじめたのか。

いつから言いワケの人生をはじめたのか。

いつから人に心を閉ざすことをはじめたのか。

その時を思い出して、再びその時の自分に戻ってみるのです。

私のように絶望してどうにもならなくなり、イヤでも本当の自分を認めざるを得なくなるよりは、ずいぶんマシでしょう。

立派に生きる必要はない

バカな苦労は不要です。素直で正直でさえあればよいのですから。

自分を偽ることになったのは、私たちだけの責任ではなかったはずです。私たちはやむなく自分を防衛することを覚えたにすぎないのです。

自分をいじめる必要はありません。自己防衛をはじめたあの時に戻り、傷ついた自分をやさしく認め、許し、怒りがあれば、出してあげることです。

わだかまりや無念な気持ちをわかってあげて、自分をリラックスさせてあげましょう。

そして、

「もう弁解をしないでもいいんだよ」

「自己防衛をしないでもいいんだよ」

と教えてあげて、再び自分の人生を歩み出すことです。

そうしなければ、私たちはこれから何年生きても、オバさん、オジさんになっても、おばあさん、おじいさんになるまで、自分の人生を持つことのないまま、つまらなく、不機嫌に、ただ生きていく以外にないでしょう。

本当の自分の心で、自分の正直な気持ちで人生を生きなければ、たとえお金があろうと、たくさんの友人に囲まれていようと、地位があろうと、すべてがむなしいはずです。

何も立派に生きる必要はないのです。本当に立派な人が立派に生きることはよいことでしょう。しかし同様に、立派でない人が自分を立派でないと認めて、立派でなく生きることもまた、素晴らしいのです。

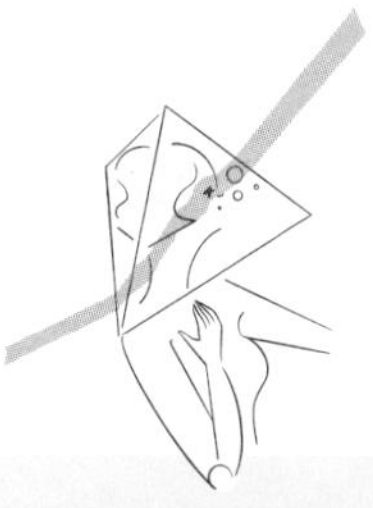

他人の目標はあなたの目標ではないのです。面白い何かがどこかにあるのではなく、あなたが面白いと思うものが「面白いもの」でよいのです。

あなたの望みでよいのです。あなたの感じたままでよいのです。

あなたを表現すればよいのです。そのままのあなたを伝えればよいのです。

「あなた」がよいのです。他人になろうとしたから、おかしいことになってしまっただけなのです。

『チベット死者の書』の理念・私たちの心の理念

『チベット死者の書』は、人間が死んでから四十九日間の出来事について語った教典です。

その中に、人間は死ぬとすぐに〝クリアーライト〟という光に出あうと書かれて

います。その光は、おそらく全存在に遍在するところの根源的な光なのです。その光と一体となり溶け込むことで、人は解脱《げだつ》（悩みや束縛からぬけ出て、やすらかな心境に到達すること）できるといいます。しかし多くの人があまりの明るさに驚いて、つい逃げてしまうと書かれています。

そして次は、光がだんだん落ちていき、さらには色々な神々があらわれたり、それでも解脱しないと、地獄に似たような様相まであらわれてくるといいます。しかしあらわれるものが何であれ、それと一体となりさえすれば、人間は解脱できるのです。

要するに、天上界の光から地獄のような世界に至るまでの様相を示すことで、その中のどこかに本当の自分のリアリティーを重ね映し、それを受け入れることで即座に解脱できるということです。

死後に救われるとか解脱できるとかいうと、それは非常に魂が清いとか、高度の人格を持っていることによってのみ達成できると、普通私たちは考えがちです。しかしここでは、そうは教えません。本当の自分を受け入れることがすなわち解脱である、と説くのです。

天上の光と自分のリアリティーが一体となることでも解脱できるし、もしも自分が鬼のような人間であるなら、鬼のリアリティーと一体となることでも解脱できるのです。

『チベットの死者の書』の理念も、私たちの心の理念も、まったく同じに私には思えるのです。

大切なことは、嘘でない本当の自分を受け入れ、認めることにほかなりません。

なぜ人生をつまらなく感じるのか？

しかし私たちは、どうしても理想の自分像を本当の自分であるかのように思いたいのです。

それは理想が高いからというのではなく、本当の自分に失望落胆しているためなのです。だからこそ、それをおおい隠す高度の自分のほうを自分だと思いたいのです。

しかし、そうした心理に裏づけられた言動をとればとるほど、実際の自分に自信

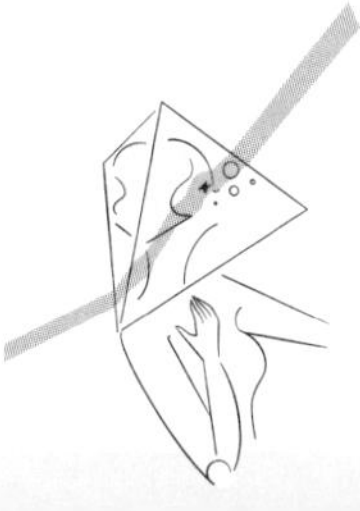

を失くしていきます。自分で自分を傷つけていってしまうのです。

そうして年を重ね、だんだんと生命力を失っていく中で、何ひとつ自分の本当の意志による行動を起こさないまま、ただ年をとっていく多くの人がいることでしょう。

なぜ人生をつまらなく感じるのか？

なぜそれほどまでに年をとることが恐ろしく感じられるのか？

なぜそんなにも退屈しているのか？

それは、本当の自分として生きていないからに、ほかならないのではないでしょうか。

愛する人に気持ちを打ち明けられないのは

若い人の中には、勇気がなくて好きな相手にアプローチできないとか、フラれるのが怖くて愛情を出せない人が増えているといいます。

要するに傷つくことがイヤなのです。

たしかに相手に対する愛情というのは、種族保持の強い本能に裏打ちされた強烈な情緒ですから、それが断わられるということは、最大級の恐怖であって当然でしょう。

しかし私たちの中には、その恐怖の大きさと同等以上の熱望、すなわち好きな人と一緒になりたいといった思いもあるワケです。

傷つくことを忘れて愛を表現できないかたくなさは、たしかに誰にでもあることではありますが、ただそれだけで終わってしまったら、もう一方の好きな相手と一緒になりたいという気持ちを、自分の心の奥深くに押し隠さなければならなくなる

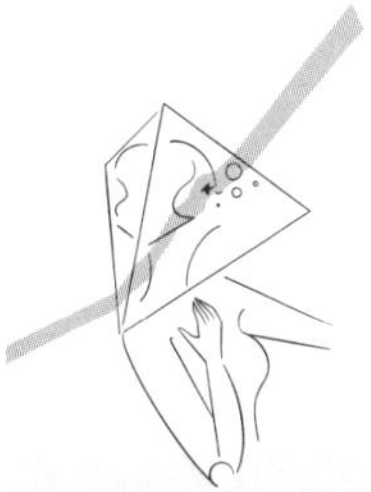

のです。

傷つくことを恐れて本当の気持ちを隠す時、私たちは自分自身にどういう影響を与えているのでしょうか。

第一に「自分は好きなものを得ることができないんだ」という感覚を強めるでしょう。

第二に「愛情なんか大した意味がないのだ」といった、自己弁護からなる人生観を強めるでしょう。

第三に「本当の願望」を避けたことで、これからもリスクを伴う挑戦から逃げる姿勢を強化するでしょう。

要するに、何ひとつ得することはないのです。逃げれば逃げるほど、私たちは「自分の逃げているもの」が恐ろしいものに思えてくるのです。

挑戦をあきらめるのは損なことです

一度、自分の欲求をゴマかすと、次に挑戦する時にはさらにそこから逃げたくなり、さらに次に挑戦するのはもっと恐ろしいことに思えてきます。

そしてついには、新しいことを何もやらず、「守り」だけの（といって守ることにも意味が見出せない）つまらない人生を送る以外になくなるでしょう。

そうして私たちは、つまらないオバさんやオジさんになっていってしまうのでしょうか。

しかしそれではあまりにも残念です。

傷つくことは誰でもイヤでしょう。

しかし、何もやらずに挑戦をあきらめることで、私たちはかえって自分自身を傷つけていくのだということを知らねばならないでしょう。

どっちみち傷つくリスクがあるなら、挑戦したほうが得なのです。

素直な気持ちを伝える限り決して傷つかない

愛する人に気持ちを伝える時、私たちは誰でも不安になり、緊張します。

不安と緊張のあまり、手がふるえたり、声がかすれたり、手に持っているコップ

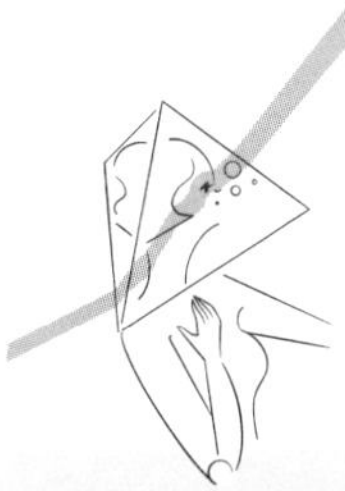

の水をこぼしてしまったり、気をとられて歩く時につまずいてしまう……そんな失敗をするかもしれません。

しかし考えてもみてください。もしもこれが逆の立場で、誰かがあなたに恋をし、その思いを命がけであなたに伝えたとしましょう。

相手が不安と緊張のあまり、声や手がふるえ、コップを割ってしまったり、つまずいてみっともなく倒れたとしても、一生懸命に愛を表現しようとしていることが、痛いほどあなたにわかったとしたら、あなたはどういう気持ちになるでしょう。

たとえその人のことを何とも思っていなかったとしても、決して不快な気持ちにはならないと思うのです。

まして好きな人であれば、そこにあらわれた真実味に心を打たれるのは当然なのではないでしょうか。

私たちはつい誤解してしまうのです。愛する人に格好よく見られようと思って、大切な心を失ってしまうのです。

しかし、この世の中に一番大切なものがルックスやお金や地位や学力だと、心の底から思っている人など本当にいるのでしょうか。

私は一人もいないと思うのです。

もしそういう人がいたとしても、それは彼らが、一番大切な心を失ったり、心を与えられなかったために、できてしまった傷を埋めようとして、ルックスやお金や地位や学力にやむなくこだわっているだけなのです。

愛を表現することは、たとえ失敗に終わったとしても、私たちが素直な心を表現する限り、決して自分を傷つけることにはならないのです。

正直になること

もっと自分に正直に生きていこうではありませんか。

正直に生きていけば、自分を必要以上によく見せる必要もなくなります。そうしたいと思うストレスからもだんだんと解放されていくでしょう。

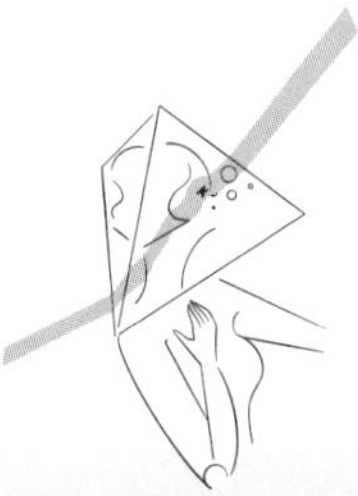

たとえば好きな人に、つきあってくださいと告白することに、真剣に正直にたち向かう時、それが成功する、しないにかかわらず、私たちは自分が生きていることを実感できるのです。そして自分に自信が持てるようになっていくのです。

お金がなくてどうしても欲しい物が買えない時、

「お金がないから欲しいけど買えない」

と正直にいうことで、私たちは自分が生きていることを実感し、自分に自信を持てるようになるのです。

英語でわからない単語を聞いた時、知ったフリをするのではなく、

「ちょっとごめん。その意味わからないから教えて」

と正直にいうことで、私たちは自分が生きていることを実感し、自分に自信が持てるようになっていくのです。

愛する人に去られて気が狂いそうになった時、泣いて泣いて泣いてフラれたことを正直に受けとめたら、私たちは自分が苦しみながらも生きていることを実感し、自分に自信を持てるようになっていくのです。

自分のマイナーな部分を隠さない

正直に生きることほど強いものはありません。

驚く時には驚き、悲しい時には悲しみ、喜びの時には喜ぶ。

悲しみや苦しみや恥を避けつつ生きようとすれば、私たちは欺瞞《ぎまん》の淵に沈み込んでいく以外にないでしょう。

どんなに避けようとしても、悲しみや苦しみは必ずあるのですから、そのあるものをあくまで避けようとすれば、自分自身を騙《だま》しの世界へ引き込む以外にないのです。

「男（女）なんて……」

「お金なんて……」

「出世なんて……」

と、コンプレックスを刺激するものから目をそむけようとする時、私たちは自分の人生を捨ててしまうのです。

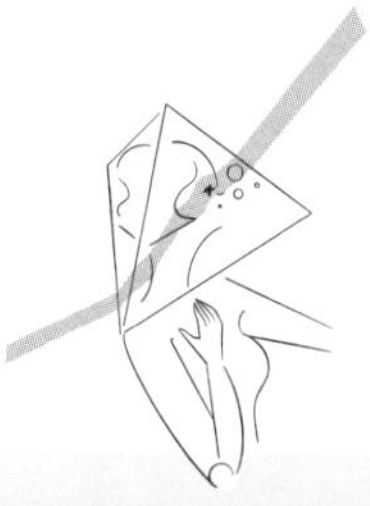

悲しさや苦しさ、そしてコンプレックスを刺激するマイナーなものは、たしかにイヤなものではあるでしょう。しかしそれから目をそむければ、自分を失うことになります。

本当に私たちが愛すべきものは、自分のマイナーな部分なのです。マイナーであればあるほど、なまなましく自分という存在を実感できるようになっているのです。なぜなら、それは自分自身によってしか認められないものであるし、自分自身によってしか愛されないものだからです。

自分の醜さ、悲しさ、苦しさ……そういったマイナーな部分にこそ、私たちはやさしい目を向け、いたわり、それを責めずに認めることが大切なのです。そうしてあげることで、私たちは自分をゴマかす必要がなくなるのです。

みんなが一万円を持っている時に、

「私千円しか持ってません」

と正直にいうことで、みじめで貧しい自分を自分だけは見離さないですむのです。そして、こうした生き方をすることは、心ある人、良識ある人の心を、必ず揺さぶります。

自分をゴマかし、自分を失っている人は、千円しか持たない貧しい人を見て、ここぞとばかりに優越感を抱き、場合によってはそれをひけらかすことをするかもしれません。

しかし正直で良識ある人々は、誰一人、千円しか持たない人を恥ずかしめるようなマネはしないでしょう。むしろ自分の貧しさを受け入れているその態度を見て、その人も心を開き、暖かい人間的な目を向けてくれるはずです。

要するに、マイナーな自分の弱点を正直に出した際に私たちを傷つける人というのは、自分をゴマかし、自分を失っている人だけだということです。

なのに私たちは、自分を傷つける人を恐れるのです。

あなたの自信を奪う人

自分のコンプレックスを隠すために他人を傷つけるような人は、本当は他人に関心もないし、冷たい人間なのです。

どっちみち、そういう人とおつきあいしても、心と心はふれあわないし、上っ面

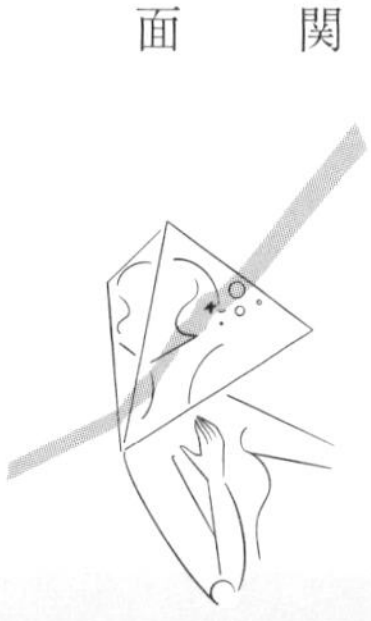

だけのつまらない交際になってしまうでしょう。そういう人たちとは縁などできないほうがベターなのです。

自分に正直に生きていけば、そういう人とは自然と縁がなくなり、本当に心を開いてくれる人とのみ交際が広がるはずです。

私たちの弱点をわざと指摘したり気にさせて、私たちから自信を奪おうとするような人と一緒にいることなど必要ないのです。

まして、そういう人たちの目を気にしてしまい、なんとか取り入ろうとして努力することなど、バカらしいことです。

そのために何と多くの人が自分の人生をムダにしてきたことでしょうか。

リスクなしに手にはいるものなどない

私たちはもっと正直に、自分自身のマイナー面も含めて肯定し、自分自身になりきることです。

そうすれば自分が進みたい方向や自分がやりたいと思っていることが、わりと自

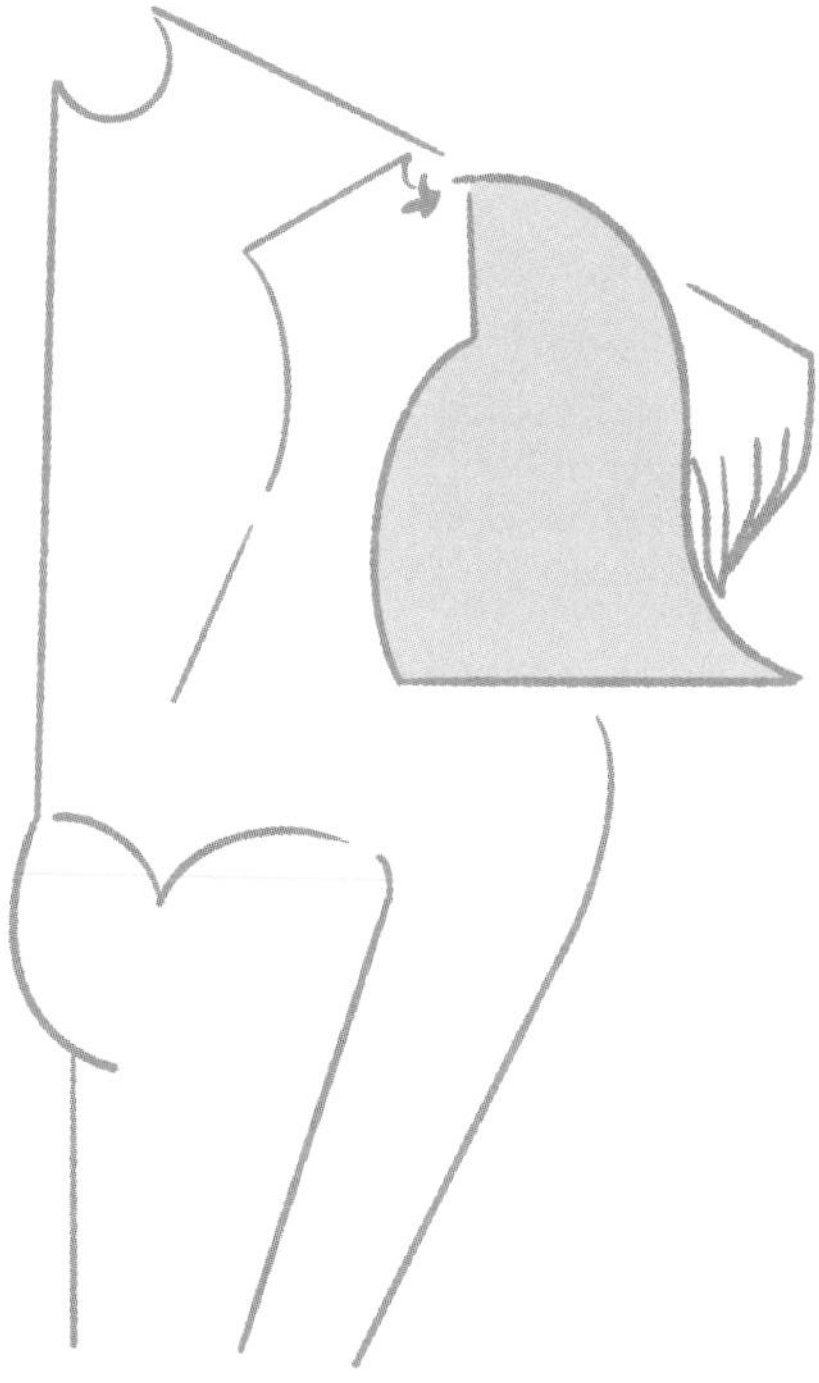

然に出てくるようになります。そうしたらリスク覚悟で、目標とするものに突き進めば良いのです。

誰でも何かが欲しい時には、それなりのリスクを負わなければ、その「欲しいもの」を手に入れることはできません。欲ばかりでリスクを恐れ、行動しない人は、一生を不満のまま閉じてしまうでしょう。

恋人を得る場合でも、相手に好意を表わせば無視されるかもしれないというリスクを負うのです。リスクを負わなければ、傷つくこともないかわりにつまらない人生になるのです。

仕事もまったく同じで、なんとなくやりたい気持ちもあるけど真剣に行動するのもイヤというのなら、真剣に行動する人に先を越されるのは仕方のないことです。

傷ついた自分を自分でなぐさめられる人に

何かを選べば何かが犠牲になります。すべてを犠牲にできないという人は結局、何も得ることはできません。

人のいうことではなく、自分が本当は一番どういう生き方をしたいのかを真剣に考え、なんとなくそれがわかってきたら、あとはガムシャラに突き進むこと。

何かを持つ前に失うことを恐れていては、生涯何もないまま終わってしまうのです。

生きていけば人間は傷つきます。しかし傷ついた自分を自分でなぐさめられる人は再び立ち上がります。

そうして私たちは覚えていくのです。生きていけば傷つくことを。真剣に生きれば生きるだけ傷つくことを。そして同時に、傷つけば傷つくだけ自分が好きになり、いとおしく感じられるようになることも。

逃げていたから恐ろしかっただけなのです。真剣に生きること、傷つくことを受けとめさえすれば、傷つくことさえ楽しく思えるようにもなるのです。

雨の日にもそれなりの味わいがあるように、晴れても、雨でも、生きることに変わりはありません。

もっとも苦しい日に生きる価値を知れば、他のすべての日は極楽です。

晴れの日に生きる意味があると思えば、私たちは雨の日を避けながら暮らさねば

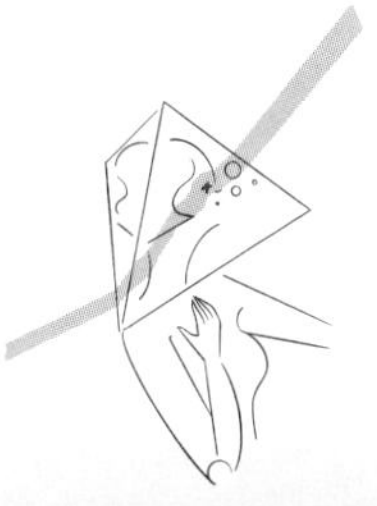

ならなくなるでしょう。いずれ晴れの日にも雨の恐怖が先立ち、晴れの日すら楽しめなくなるでしょう。

それではつまらないのです。死にたくなるような日こそ、立ち上がれなくなるような日こそ、自分の人生を獲得できるチャンスだということを、私たちは忘れてはいけません。

CHAPTER THREE

3

他の人のようになろうとするから、あなたは疲れる

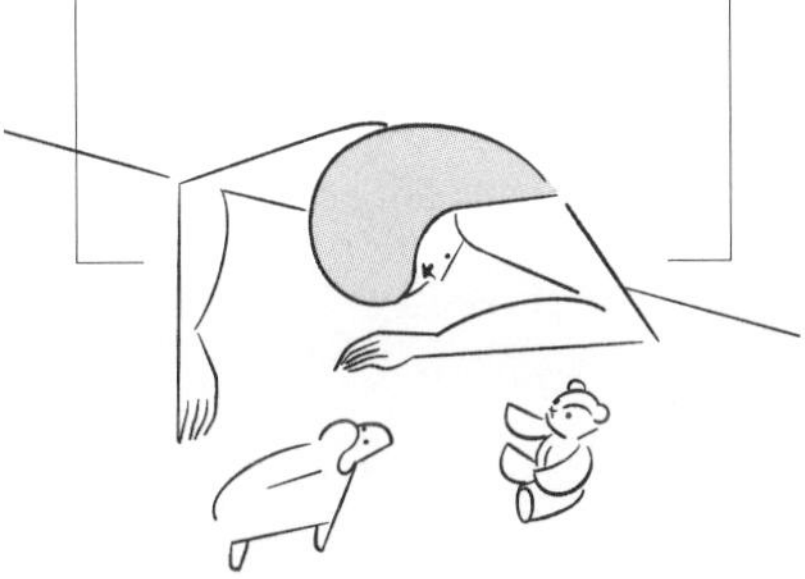

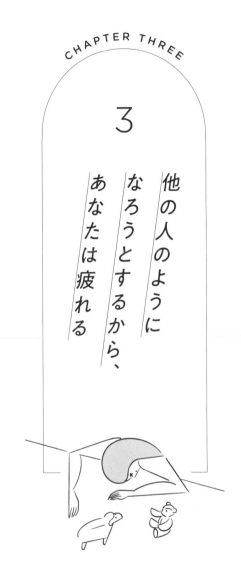

スムーズに恋愛ができない人

誰かを好きになり、相手からも愛されて恋をするのが比較的スムーズにいく人と、あまりうまくいかない人とがいます。

うまくいかない人は、「本当にピッタリの人とめぐりあえないから」と考えますが、果たしてそうでしょうか。

そういうことではなく、自分自身に複雑な気持ちを持っている人というのが、対人関係や恋でもなかなか進展しにくいのではないかと思うのです。

たとえば、自分のことを他の人から「こう見られたい！」という「理想の自分像」を必要以上にかたくなに持っていると、相手と素直な交流の世界にはいるのはむずかしいと思うのです。

たとえば、「知的に思われたい」と思っている人は、好きな相手ができたとしても、相手が自分をバカだと思ってはいないか、知的な人だと思ってくれただろうかと気になって、それが大切な心の交流のほうを邪魔してしまうのではないでしょうか。

人間は、相異なる方向のどちらにも同時に関心を抱くことはむずかしいのです。

自分の印象づけに一生懸命になってしまうと、その相手との自然な心の交流は止まってしまい、相手の反応をチェックすることにばかり気をとられることになるでしょう。

そして、相手が自分の望むように受け取ってくれたかどうかが気になり、楽しいはずの関係が、だんだんと苦痛に感じたりしてきます。

相手の反応にビクビクするのは

「恋ができない。他人と交流できない」と悩んでいる人は、相性のあわない相手に問題があるという前に、自分の心が相手との交流をはばんでいるのではないかと、一度考えてみてください。

そうした面が自分にあると思った人は、今度から、

「自分をこう見て欲しい。こういう人間だと受け取ってもらいたい」

といった、自分をどう印象づけるかといった気持ちをおさえることです。

相手が自分のことを誤解して受け取ったなと思っても、何もいわずに放っておくことです。勝手に解釈してもらえばいいのです。

そうすることによって、私たちは悪い印象で受け取られることはあっても、その分、相手の自由意志にもとづいて愛してもらえるという、かえって安心できる状態を手に入れることができるのです。


自分の印象づけにこだわっている限り、たとえ自分の好印象づけに成功しても、つねにそうした自分のイメージを壊さないように、いつもビクビクと相手の反応をチェックすることをやめられなくなってしまうでしょう。

そこには愛の交流どころか、つねに醒めた目で相手を監視している気持ちしか生まれません。

少しでも勘のいい相手なら、すぐにそれを感じて逃げ出すでしょう。そんな態度のあなたに、何かしら居心地の悪さを感じてしまうからです。

ただ、相手も同じように自分を印象づけることで頭がいっぱいなら、自分のことで精いっぱいでわからないかもしれません。

こうして、同じような問題を持ちあう者同士が、愛という名の元にお互いの見せかけを誉めあうために寄りそうということはよくあります。

しかしそれは愛の関係ではありません。少しでも相手を傷つけるようなことがあればおしまいでしょう。

本当に楽しい恋がしたいなら、私たちは相手に自分がどう見られているかという発想をやめてください。運を天にまかせてみることです。

相手の気持ちがわからなくて不安な時

また、悲しい性分というものが人にはあるもので、その最たるものは、

「人の愛がわからない……」

といって悩みがちな性分でしょう。

うわべだけの心の安心を求めても

どんなに愛されても、「本当だろうか……」と不安で仕方ないという人がいるものなのです。

そういう人は心の奥に、

「自分なんか本当に愛されっこない」

といった不安をかかえているのです。

そのため、実際には愛されているのにそれに気づかないのです。

そして拒否されることばかり恐れて、逃げ道をつくったりしがちです。

さらに悲しいことに、本当に愛してくれる人をよそに、うわべだけの調子よい人の態度を見て、本当の愛だと勘違いしてしまったりします。

その理由は、自分に自信がないために真の愛には気づかず、うわべだけでも立ててくれる相手や、調子よい言葉でおだててくれる相手のほうに、心の安心を見出すからです。

覚悟のない愛に実りはない

この世の中には、恋ができない人がけっこういるものです。

恋というのは、自分の全身全霊ぶつけて取り組むのが普通ですが、自分のためにしか恋ができない人がいるのです。

私たちはいい恋がしたいと思ったら、やはりそれにふさわしい相手を選ばなければいけないでしょう。

といっても、好きという感情がわかなければ恋に発展しませんから、そこがむずかしいところです。時にはダメな相手だとわかっていて恋をする場合だってあるワケですから……。

しかしその場合には、私たちにある程度の覚悟があります。覚悟のない恋は、結果的によくないことになるのではないでしょうか。

私たちは車を買うのでさえ、何カ月も何年もかけて計画的に購入します。そのために、毎月いくら貯めるとかの、それなりの覚悟があるワケです。

しかし恋になると、はじめはお互いが相手に対し良い面ばかりを見せようとするのでうまくいきますが、どちらかが無理をしていると、その無理が大きければ大きいほど、そのうち相手への不満となっていくことが多いのです。そういう点でいえば、

「あなたのこういう点がイヤだ」

といえる人のほうが、実は立派で信頼できる人です。

なぜなら、それだけ本気で二人の関係を考えているワケだし、何より嘘でない関係を結ぼうとしている証拠だからです。それに、もし相手に自分が不満をいえば相手から嫌われるかもしれない、といったリスクがあることを覚悟して交際しているからです。

求めるだけの恋は本物といえません

私たちは恋を単にバラ色のものだと考えてはいけません。二人の仲で無理なくできることでしか、二人の良い関係はつくれないのです。自分だけの希望を達成させるために交際する恋は、いずれ破局を迎えざるを得ないでしょう。

喜びを与えてもらうだけが恋だと思っていると、相手が無理をしていることにも気づかないで、もっともっとという自分の不満だけがたまってきてしまうのです。

このような受け身の生き方は、恋に限ったことではありませんが、いずれ必ず自分自身を傷つけて終わります。

なぜなら、受け身は相手まかせの生き方にほかならず、相手が与えてくれるもので満足をはかるしかありません。

十を与えられたら次は十以上を求めるのが当然になり、そこには感謝の気持ちもなくなります。相手には義務の重荷となるワケで、受け身の恋は必ず限界を迎えるのです。

相手の心をとらえるポイント

あたり前のことですが、恋愛は二人の合意がなければ成立しません。お互いがお互いとの関係を持ちたいという気持ちがなければ、成立しないのです。ですから一方的にどんなに努力をしても、ダメな時にはダメという面があるのです。一方的な努力とは、自分の欲求のみに目が向き、相手の立場や、考えや、感じ方に気づかなかったり、またそれを尊重できていないということです。それでは相手も、自分が大切にされているという気がしなくて当然です。

自分の立場から一方的なものでは効果はありません

一般的に、恋愛を目指す人は、相手に優しく親切ではあるでしょう。しかしその親切や優しさ、情熱などが、自分の立場から一方的なものであるかどうか、もっと私たちは考えるべきなのです。

相手が花が好きというので、何かにつけ花をプレゼントすること、それはそれでたしかにいいでしょう。

しかしもっと相手の立場に立てば、

「相手が今どういうことをどう感じているのか」

「相手がどのように生きながら、日々どういう気持ちでいるか」

をわかってあげようとすること、そうしたヒントがプレゼントなどの形に結びついた時、本当に嬉しく感じられるのです。

相手の気持ちに関心があれば、何をどう感じているかが、ピンとわかるものです。そうした優しさや思いやりがあれば、私たちは相手の心をとらえることができると思うのです。

生理的な好き嫌いはどうすることもできないでしょうが、自分の気持ちを大事にされていると思えば、私たちはいずれ相手に心を開いていくでしょう。

相手の心をとらえるのも、とらえるべくしてとらえ、とらえるべくしてとらえない、そういう面もあるのではないでしょうか。

〝相手の決断〟をせまる前に〝自分の決意〟

受け身の愛について、もう少し考えてみましょう。

たとえば自分の希望を暗に示して、相手の決断を期待する態度は、あまり良い結果をもたらさないことが多いようです。

どういうことかといいますと、たとえばある人と結婚したいと考えた人が、相手にハッキリと物をいわず、暗に示すように、

「式はやっぱり洋式がいいわよね」

と相手にもたれるようにいうのは、決断を暗に要求し、相手を真綿でしめつけるような不自由な空気があります。これが受け身の愛といえるでしょう。

もう一方で、自分の希望をハッキリ述べ、そのことに対するリスクは負うといった態度があります。

「私はあなたと結婚したい。あなたもそう考えてくれなくちゃイヤです」

というのがそれです。

そこには、結婚前提でなければ別れるといったハッキリした決断があるため、二人の関係の中にあいまいなゴマかしがしのびよるスキ間がないのです。

ただし、このような態度をとる場合には、「愛する人が自分から離れるかもしれない」といった覚悟が必要となるし、大きな危険を犯す勇気も必要でしょう。

そこで多くの人は、暗に好意や結婚の意志をほのめかして、相手の決断を待つ方法をとろうとするのです。

しかし、結婚は二人で決断して決めるものです。ハッキリ決断しない前に、当然結婚するという前提で相手を心理的にしばっていくような言動はやめたほうがよいです。

愛する人の自由を認める

私たちは誰でもよほど注意しないと、巧みに相手を自分の都合のよい方向にしばっていこうとする心理が働きます。

しかし愛は自由なものです。たとえ死ぬほど好きな人でも、どんな行動を相手が選択するか、どんな気持ちを抱いたか、残念でも私たちとは異なる場合があるのです。

その自由をありのままに認めてあげることができるか、そこに愛する者の決意と覚悟が問われるのです。

そのうえで、相手が自分の元にきてくれたという喜び、それこそが一人でなく二人で生きるという、最大最高の喜びなのです。

どんな結末にも決して後悔しない

反対に、リスクを犯して自分の希望を語った結果、相手に去られるということもあるでしょう。

愛する人に見離された私たちは、その時、真の寂しさを味わいます。しかし、それは偽りでない自分の人生を生きてきた結果の寂しさであり、喜びにいずれ変わっていくものです。

私たちは自分を失ってまで人を愛しても、いずれはお互いを不幸にしていくだけでしょう。

二人が共に築いていく未来がないのなら、恋愛も結婚もむなしいものです。それならばまだ一人で生きていくほうが面白いことでしょう。

結ばれる人とは前世の因縁がある？

自分の好きな人が前世から縁のある人かどうかを、尋ねられたことがあります。

前世があるかないかということは、あると思う人はあるというし、ないと思う人はないというワケですが、私自身は、前世は当然のごとくあると思っています。

魂は永遠に生きどおしで、私たちは何度も生まれ変わっているのです。ですからこの世だけが私たちの生なのではありません。「魂」という観点から見ると、私た

ちは決して死ぬことはないのです。

もちろんこうした気持ちを、みなさんに押しつけようというのではありません。しかし、自分の命が永遠だと思うのと、この世限りと思うのとでは、生き方に大きな違いが出てくるような気がします。

私たちは少しでも幸せになろうとして未来を考えます。しかしそうすると、「自分を傷つけるかもしれない危険」に敏感になりすぎて不必要に身構えたり、未来への決断と行動に踏み切れない場合が出てくるような気がします。

この世限りの命だと思うからこそ、未来を恐れ、傷つくことを恐れる心理もまためばえるのでしょう。永遠に生きどおしだと思えば、心にも気持ちにも余裕が生じます。そして、自分に訪れる未来をゆっくり見てやろうか……といった気持ちになってくるのではないでしょうか。

余談になってしまいましたが、いくら前世があるといっても、本当に自分の前世を知る人はまれですし、今の人間関係が前世の因縁であるかどうかを知ることは、一般にはできません。

ですから、前世という存在や因縁があるとはいえ、私たちにはどうすることもできないのです。

そういう感性や前世の事実は、わかる時がきたらわかるものですから、その時まで放っておいてよい問題だと私は思うのです。

あなたの今の素直な気持ち

恋人のことや自分のことを、「前世の因縁」だと考える人がいますが、それは一種の逃げに通じるのではないでしょうか。

大切なことは、嘘でない今のあなたの心です。それ以外に本当のものはあり得ません。

あなたの心が好きだと思っているというのに、わからぬ未来の不安や、わからぬ前世の因縁を理由にあきらめてしまうのは、自分に対する罪ではないでしょうか。

真実の気持ちを不安に売り渡すことのないよう、今、あなたが愛する人を、あなたが愛すべきなのです。

自分のほうから愛しましょう

愛情について考える時、愛されるのを待つか、自分のほうから愛していくか、という基本的な二つの態度があると思います。

まず、愛されるのを待つ場合、異性、同性に限らず、人に誤解されたり受け入れてもらえないのはつらいことです。

理由もなく嫌われることは誰にでも必ずあると思うのですが、そうしたことが何年も続くと、気が滅入ってしまうことでしょう。

こういう時は、好かれようという気持ちをとりあえずあきらめて、自分から誰かを好きになってみることです。人の良い面を大きく評価してあげて、悪い面を小さく見るようにします。

人から愛されるのを待つ時、私たちは相手が自分のことをどう思っているのか、どう感じているのかと、見られている自分を気にします。

見られる自分を気にすることは、よく見られるために、より良い自分のポーズを育てます。その時、私たちは自分自身を失ってしまうのです。自分を失っているから、何年も本当の出会いを体験できずにいるのです。

それならば、自分のほうから人を愛していくことです。そうすれば本当に気に入った相手を見つければ良いワケで、ただ選ばれるのを待つだけというストレスから解放されます。

好意はあらわさない限り伝わらない

しかし、その時問題となるのは、肝心の愛し方がわからないという人がいるという点です。

愛するということは、幼少期に自分が愛の表現を色々と受け入れて覚えていくものなのです。子供時代に具体的な愛の表現にあまり触れないで育つと、成長してからも人をどう愛していいかがわかりません。

もし自分にそういう面があると思った人は、愛着や好意は表現しない限り、人には伝わらないものだと再認識することです。まず、嬉しさや喜びや悲しさを、身近

な伝えたい人に伝える習慣をつけることです。

愛を表現することで、私たちはさらにデリケートな情感を表現できるようになっていきます。

自分の中にデリケートな情感が育つことで、他人の心もよく見えるようになり、愛情表現にも自信が持てるようになるのです。


愛情表現に自信が持てるとは、たとえば、子供に対する親の態度を思い浮かべればよくわかります。

親は自分の子供に愛を感じた時、それを与えるだけで満足します。与えるだけで満足するとは、子供からどんな反応がかえってきても自分が傷つくということがないことです。

「うるさいなあ……」

といった感じで子供にイヤがられても、

「オヤオヤごめんね」

と思うワケで、愛情表現を拒否されたとは受け取りません。

素直に愛を伝える習慣

与える一方で愛を表現すれば、私たちも実は決して傷つかないのです。自分が投げた愛に何らかの反応や期待がある時だけ、結果的に傷つくのです。

愛すること自体に、愛を表現すること自体に意味があれば、結果は結果であって、表現自体の価値には何ら影響を与えないということです。

結果を考えずに自分から愛していく人生を生きることができれば、本当に豊かな人生が得られるのではないでしょうか。

そのためにはまず、感じた愛を感じたままに素直に伝えてみることです。後まわしにして考えた末に表現する愛ではなく、その瞬間瞬間に感じた真実を表現する、そういう習慣を身につけることです。

真の友情を結ぶヒント

グループ内での人間関係について考えてみましょう。

集団の中で一人きりになってしまうのは、理屈抜きで寂しくてイヤなものです。嘘でもいいから誰かそばにいて欲しいと思うでしょう。

そのため自分が一人にならないよう友達を確保することに、みんなヤッキになってしまうのかもしれません。

真剣に生きているところに真の人間関係はめばえます

ではどうすれば単に孤独だとか寂しいとかでない、真の友人関係を結ぶことができるのでしょう。

それには、自分自身が真剣になって取り組んでいる生き方が必要なのです。形だけの友人がイヤなら、私たち自身が、形だけの生き方でない、何かに真剣になって取り組んでいるという真剣な生き方が必要なのです。

たとえば、何の目的もなくただ生きているだけの人たちは、人と「ウマがあう」といった程度の結びつきしか生まれないはずです。

なぜなら、お互いが退屈という因子によってしかふれあうことがないためです。

そうした人間関係を支える構図は、何らかの刺激が中心にならざるを得ませんから、刺激を求めて遊ぶとか、お金を使う交際となり、ちょっとしたことでイガみあったり、うまくいかなくなる場合が多いし、うまくいったとしても、その交際をとおして何ら得るものもなく成長することもない、恐ろしく閉鎖的な関係にならざるを得ないでしょう。

しかし、もしあなたがたとえば、写真を撮影することが好きで夢中だったとしましょう。

カメラのことならどんな知識も欲しくて、勉強にも熱心。そしてたまたま同じ趣味の人と出会い、色々な知識の交換ですっかり息があったとすると、その人とは深い交際に発展する可能性があるのです。

お互いカメラに真剣なので、友人がすすめる撮影方法に共感することや、また逆

に、対立する面も出てきたりします。要するに、嘘でない自分と相手が、はじめてぶつかりあえるのです。

退屈している人間との間柄では、二人を結びつける動機が、「一人じゃ寂しくなる」とか「嫌われるのが怖い」といった、どうしても自己保身のレベルのものになってしまいます。

自己保身したい者同士がふれあうには、うわべだけの交際しかなくて当然です。本当のことをもしいったら、相手を傷つけ、そのグループから追い出されるに決まっているからです。

こうしたワケで、何かに真剣に取り組んでいる人たち、または真剣に生きていこうとする人たちとしか、私たちは真の友情は結べないということになるのです。

真の友情を結びたいなら、あなた自身に、一生懸命に取り組む真剣な生き方が必要だということです。

友人が離れていくようで不安な時

一対一の友情についても、同じことがいえるのではないでしょうか。

「誰もいないと自分が寂しくなるから……」

「いつまでも自分のことを裏切らず、仲よくしてくれる人が欲しい……」

「刺激的で面白い友人がいてくれたら……」

私たちが友人を求める動機はいっぱいありますが、自分の安心のために友人を求めると、私たちは反対にいつも、不安を感じてしまうのではないでしょうか。

「自分を裏切らない友人」を求めたら、いつもその友人の真意をチェックしたくなるでしょうし、第三者の友人がはいってきたりすると、気をつかって不安になるかもしれません。

相手の自由意志を尊重する

友情に関しても、次のポイントを守ることが大切だと思うのです。

まず、相手の自由意志を尊重すること。

たとえば、相手にほかの親友ができても、それはそれで仕方ないと考え、決して態度をかたくなにしないことです。相手を自由にさせることは、相手を尊重し、信じている表現であるワケです。

そうすると、いったん離れていった友人も、私たちの態度が自然であることを知り、機会があったらまた戻ってくることも考えられます。

「友達が離れて行きそう……友人がいなくなりそう……」

という不安は、たしかに大きな不安かもしれませんが、考えてみれば、自分だけが安心したいという自分勝手な悩みであるともいえます。

人間はそういうことを頭ではなく本能的に見抜きますから、ことさら自分の友人をしばりつけようとしたり、ちょっとした浮気を責めるような人からは、人は離れていきたくなるようにできています。

いかに相手の自由意志を尊重できるか。そのうえで、こちらから積極的に先に述べたような愛情表現（結果を期待しない）をしていけば、どうにもならないほど楽しく人間関係は広がっていくのではないでしょうか。

あなたはあなたのままでいい

人間関係で私たちがよく犯す間違いは、人と自分が違うことに気がつかないことです。

桜が冬に咲けば、誰もがおかしいと思うでしょう。しかし、友だちに恋人がいて自分にはいないことが不当な気がして、受け入れられない人がいるのです。

自分と友だちがなぜ同じだと考えるのでしょうか。

それは、心の中に自信が持てない部分があるからです。自分に自信がないと、人

と違うことがとても不安になってくるのです。

頭ではわかっていても、人に恋人がいて自分にいないと思うと、心の安定が乱され、そのストレスを受け入れることができなくなるのです。その結果、恋人がいる人のことを悪くいうとか、何かとケチをつけるなどして、自分の傷をなぐさめようとします。

しかし本当に強い人は、友人がお金持ちで自分が貧乏でも、単にうらやましいと思うだけです。

自分に自信がない人は、お金がないということで自分のすべてが否定されたような気持になってしまうのです。

たとえ就職が決まらなくても、恋人ができなくても、私たちの価値に何の変化があるのでしょう。

〝自分を商品にする〟味気ない生き方

私たちには私たちの人生があるはずです。それは人がどう思うかではなく、自分が決めていくことなのです。そう思って行動しない限り、私たちは自分を「商品」にするしかなくなってきます。

人の目を意識して生きていけば、人の目にうつる自分が、客観的に価値あるものでなければならなくなります。それは、自分を誰の目から見ても価値のある「商品」にすることでしょう。

良い会社にはいって、一流と見られる人と結婚すれば、周囲も親も安心はするかもしれません。表面的には幸せかもしれません。

しかしそこに自分の意志がなければ、人生は味気ないものになってしまうのではないでしょうか？

なぜ失敗を恐れるのか

私たちは自分の未来を考える時、なぜ、

「もし失敗したらどうしよう……」

と考えるのでしょう。失敗したらその時考えればいいと、なぜ思えないのでしょう。

それは周囲に見られたい自分のイメージを重視して考えるからです。関心が自分のやりたいことではなく、周囲に見せる「成功」が目的なのですから、絶対に失敗ができないのです。

それではすべてのことにプレッシャーを感じ、やがては自滅してしまうことでしょう。他人の賞賛や賛同を求める生き方は、つきつめれば、いつまでも自分自身が他人から判定される立場にいることを意味します。

他人の目が自分の神であるということです。自分を裁く神が、朝起きてから夜寝るまで自分の周囲にいるとなれば、心の安らぐ時はありません。

自分の欲求に正直な生き方を

私は、「もっと自分の欲求に正直になったらいいのに」と思います。欲求は偉大です。欲求こそが自分を自分らしくして、自分の人生を歩ませてくれるからです。

欲求というと聞こえは悪いのですが、欲求に正直な生き方には、前向きな力が働きます。

誰にでもいくつかの相矛盾する欲求が心の内にあるもので、それを実行する際には、具体的に何かひとつを選び取らねばなりません。

音楽もやりたい、スポーツもしたい、勉強もしたい……そうした欲求の中で、私たちがひとつの物を選び取るには、相当な覚悟と決断とが、実は要求されているのです。

欲求をとおす生き方とは、まさに決断の人生にほかなりません。そこで費やすエネルギーや不安は、大げさでなく、はかりしれないものがあるでしょう。だからこ

そ、私たちは自分が選んだ事柄に真剣になれるのです。

いくつかの欲求を選ぶことなく、そのかわりに気も入れずに生きていけば、やがては何をしても面白くないという状態に至るのではないでしょうか。何ひとつ捨てようとしないどん欲さが、ひとつの決断をためらうのです。

お寿司の上にカレーをかけて食べる人はいないでしょうが、心のうえでは決断しないまま、そうした混乱した人生をおくっている人がいるのです。

もちろん決断は、それが必ずうまくいくからするのではありません。

うまくいくかどうかはわからないが、自分はこの道を進もうと決めることが決断なのです。

その時こそ、私たちは自分自身を頼もしく思い、自分を信頼できるようになるのです。

決断しない人は人生にいつも不満を感じ、しかもその人生は弁解に満ちているものです。

〝正しい答え〟は自分の中にある

何をする場合にも、まず正しい答えをさがそうとする人がいます。

自分は何をすべきか？

自分はどう生きたらよいか？

と考える時、私たちはどこかに正しい答えがあると勘違いしているのです。

そうした錯覚についとらわれてしまうのは、これまで私たちが育ってくる間に、色々な干渉を受けたり、自分の気持ちを拒否されることが多かったりで、「正しい」ものは自分以外のものの中にしかない、という考えを形成してしまっているからです。

自分をとり戻すために

自分が持っているものはたいしたものではなく、人が持っているものが良いものに見えたり、自分が考えることはたいしたことなく、人の考えることが凄いものだと思えたり、自分がしていることは大したことなく、人のしていることが重大なものに思えるなど、私たちは自分を軽んじることをおぼえてしまっているのです。

どれが正しい正しくないという基準は、人によって、国によって、時代によっても違います。

もちろん真に正しいものはこの世にあると思いますが、それでは、真に正しいものを守るために、他のすべての人が違うといっても、命がけでそれを押しとおせるでしょうか。

そうした覚悟の上での正しい生き方を求めるならともかく、私たちがいう正しい正しくないとは、人々の賛同を求めてのことではないでしょうか。

要するに、みんなに悪くいわれない正しいもの、みんなから納得してもらえる正しいこと、要するに周囲を恐れているということなのです。

周囲の人たちの評価が自分自身の正直な気持ちよりも重要であれば、自分自身は小さく感じられて当然でしょう。しかしそれでは自分がかわいそうです。

自分をとり戻すためには、小さなところから自分を大切にしていく習慣をつけることが必要でしょう。

誰かが、「おなかがすいた……」といった時に、一緒に食べるのではなく、自分がおなかがすいたと感じた時に食べるとか、そんな小さな自分の欲求を正直にかなえたり理解を示していくことからはじめるのが、案外、近道になります。

そんなことをしていく中で、私たちが自分をどんなに粗末にあつかっていたかということがわかれば、私たちの生き方は自然と変わってくると思うのです。

CHAPTER FOUR

4

感情の法則

感情に振り回されない自分を獲得できる！

心と感情

私たちが、生きる喜びを実感できるのは、私たちに感情があるためです。

しかしその感情が、時として悲しみや不安や恐怖ともなります。

良い感情に身をまかせられる時はよいのですが、不快な感情におそわれると耐えられず、私たちはひどく落ち込んだり、日々の生活を前向きに生きられなくなることがあります。

自分が本当の自分自身でいられるために、また、自分のすべてを愛せるようになるためには、どうしても感情の問題をパスしてとおるワケにはいきません。

落ち込みやつらい感情から解放される法則

私たちは感情をおもに二つに分けて、喜んだり恐れたりしています。

良い感情の時は問題にしませんが、落ち込みや暗い感情を非常に恐れるのです。

たとえば、一人でいる時に暗い感情におそわれたりすると、誰かにメールをしたり、テレビをつけたり、外出したりして、暗い感情から逃れよう、それらのことを忘れようと努力します。

たしかに、友人にメールをしたり外出して気をまぎらわせれば、暗い感情を忘れることができるかもしれません。しかしそうしたことの繰り返しでは、私たちは暗い感情から逃げようとするだけで、感情に自分のほうが振り回され、感情によって自分のほうが支配されることになってしまいます。

私などもその昔、日曜の晩になると、

「ああ、明日学校か……明日は仕事か……」

と、暗い気分でよく思ったものです。

会社勤めをしている多くの人が、休み明けの朝には、つらさを感じるといいます。

何とかつらい感情から解放される方法はないものかとも思うのですが、そのためには、あらゆる感情に共通する法則を理解する必要があるのです。

感情は意志の力で変えることはできない（感情の法則１）

これが第一番目の法則です。

私たちは気分が落ち込んでくると、何とかそれをまぎらわせようとしたり、落ち込みから逃げようとします。

しかし、感情は意志の力で変えることはできません。早い話、悲しい時に、どんなに喜ぼうと思っても、無理だということです。

よく考えれば、これはあたり前のことなのですが、自分が落ち込んでしまうと、「いけない、いけない、落ち込まないようにしなくちゃ」

と、私たちはあせったりするのです。

そのためかえって、不自然な反応をしてしまいやすくなります。

イヤな感情もそのまま受けとめるようにする

たとえば、初対面の人と話す時や大勢の前で話す時などとってもあがってしまったとします。

あがるというのも感情によってのことですから、法則どおり、意志の力で変えることはできません。しかし私たちはその無理なことをつい忘れて、

「ダメダメ、あがっちゃいけない」

と、意志の力でそれを何とかしようとしてしまうのです。

でも、無理なことをしようとするのですから、おかしな反応を生みやすく、不自然な行動を取ってしまったり、場違いなことをいってしまったりと、トンチンカンな結果になりがちです。

それもこれも、感情を意志の力で変えようとした結果なのです。

たとえそれが自分にとって都合の悪い感情であっても、意志の力で変えられないことを最初から素直に認めさえすれば、不自然な態度にはならなかったはずでしょう。

では、感情を意志の力で変えることができないとしたら、落ち込みや、イヤな感情がおそってきた時、私たちはただ黙って、そのイヤな感情を受けとめていなくてはならないのでしょうか？

答えは、

「まったく、そのとおり」

ということなのです。

そして次に、私たちは感情についての第二の法則に目を向ける必要が出てきます。

感情はそれを刺激すればするほど強化される（感情の法則2）

この第二番目の法則はどういうことかというと、おそってきたイヤな感情を意識したり、口に出したりすればするほど、イヤな感情は強くなってくる、ということです。

もしあなたに、大嫌いな人がいたとします。嫌いというのは感情ですから、嫌いな人を好きになれといったって無理です。たしかに意志の力では変えられません。

たとえばもしあなたが、その人のことをもっと嫌いになりたいと思ったら、その感情をどんどん刺激すればよいのです。

「Aさんなんてサイテーよ！」

「Aさんったらさ、このあいだね……」

「イヤだ、Aさんみたい」

と、ことあるごとにAさんのイヤな面を口に出していれば、嫌いという感情がさらに刺激されて、ますます嫌いになってくるのです。

反対に、どんなにAさんのことが嫌いだったとしても、決してそのことを口に出したり、感情をあえて刺激しないようにすれば、感情はそれ以上は大きくなっていきません。

マイナス感情は口にしない

好きという感情も同じです。好きな人がいる場合、好きというのは感情ですから、その感情を刺激すればするほど、ますます強くなっていきます。ことあるごとに、その好きな人にメールしたり、手伝いごとをしてあげたり、つくしてあげればあげるほど、好きという感情は強くなっていくワケです。

ですから、これと同じで、どんなに落ち込みや、イヤな暗い感情がおそってきても、それを口に出したりしないほうがいいということです。

また、そうしたイヤな感情から逃れようとするためのいっさいの行為は、かえってその感情を刺激して、複雑にしてしまうでしょう。

ここまでのことを繰り返すと、次のようになります。

もし、自分に落ち込みや、イヤな感情がおそってきたら、

①感情は意志の力で変えられないことを知って、それから逃げようとするための行為はとらないこと

②「イヤだ」という感情を決して口に出さないこと

ここまで理解してくれれば、百点満点です。

それでは次に、感情の第三番目の法則に進みましょう。

感情は刺激をしなければ時間とともに弱くなる（感情の法則3）

イヤな感情や、落ち込みを、口にも出さないで、ジッと受けとめているしか方法がないなどというと、

「そんな……」

と、不満が出るかもしれません。

しかし、私たちは、雨の日に雨だからといって、それを自分の意志の力で天気に

しようとしたり、雨だからアタマにきちゃうとかいって、みんなに文句や愚痴を言ったりはしないでしょう。

なぜなら、自分の意志の力で天気を変えられないことを知っているし、文句を言ったところで、かえってミジメな気持ちになることも知っているからです。

感情もまったく物理的な現象ですから、天気と同じなのです。

どういうことかというと、イヤな感情を変えようとしたり、忘れようとしたりして気をまぎらわそうとしても、それは雨を自分の意志の力でやませようとする行為と同じなのだから、無駄だということです。

悲しみが時とともに強まることは絶対にない

どんな感情でも、感情の法則1、2を正しく理解して受けとめておけば、感情の法則3で救われます。

どんなイヤな感情でも、それを、何かにつけ口に出したりして刺激しない限り、時間とともに弱くなっていくものです。

ちなみに、人間にとってもっとも悲しい感情は、親が子どもを失った時の悲しみだといいます。それは間違いなく最大の悲しみですから、どんなことをやってもまぎらわせないし、まして意志の力で変えるなんてことはできないし、思いもつかないでしょう。

そのため、感情の法則1、2に甘んじて受けとめてしまう結果になります。そしてただ、時間が感情を弱めていくのです。

親が子を失って絶望に沈んでも、三年もすればその悲しみはずいぶん違ったものになってきます。最大の悲しみさえ、時間は弱めてくれるのです。

たとえば私たちが失恋をして生きる希望を失った時でも、感情の法則3を理解していれば、間違った選択をするようなことはないし、悲しみを強めることも決してありません。

そして次に、感情の法則4は、もっとも偉大な真理を私たちに告げています。

行動によって新しい感情がわきあがる（感情の法則4）

愛する人が去っていってしまい、うちひしがれた人がいたとします。

何もする気になれず、二人の思い出のアルバムを見たり、思い出の歌を聴いたり、思い出の品を手にとったりしているだけ……。

こうした状況は、誰でも人生のうちに一度や二度は経験すると思います。愛する人がさっていくのも親が子どもを亡くすのと同じように、最大の悲しみですから、誰かにメールや電話をしたり、外出したりするくらいでは、ゴマかせるものではありません。

生きる希望は、二人で過ごしたころの思い出しか残されていない……そんな状態になってしまうのも、何日かは仕方ないかもしれません。

しかし、そうした中でも、いつもと変わらずやらなければならないことが、色々とあるワケです。

朝起きたら、まず歯をみがいたり、顔を洗う。次に、洋服を選んで着る。さらに、学校に行って勉強する、仕事をするなど、こちらの感情と関係なく、毎日のやるべきことが、どっさりあるワケです。

つらいことがあっても日常の習慣を変えないようにしましょう

大切なことは、どんなに悲しくても、そうした毎日の本来やるべきことを、絶対にやめてはいけないということなのです。

普通私たちは、感情的につらくなると、何もヤル気が起こらなくなって、本来やるべきことを、ついないがしろにしてしまいます。

そして、悲しみやつらい感情といつまでもいっしょにいて、それをかえって長びかせてしまっているのです。

そして、

（もう少し気分がラクになってから行動するワ）

と思い、日々のやるべきことから逃げてしまいます。

しかし、感情の法則では、感情は自分の意志では変えられないが、行動によって

新しい感情がわいてくることがある、といっているのです。

大切なことは、日々の本来やるべきことを、つらい感情のままでよいから、おこなっていくことです。

つらい感情がなくなってから行動しようとしたら、いつになってもできないかもしれません。

また、明るい気分にいつかなって、行動できたとしても、まるでそれでは、自分が感情のオモチャにされているのと同じことではないでしょうか。

どんなにつらくても、キチンと顔を洗い、身だしなみを整え、知りあいに会ったら、「おはよう!」と笑ってみせる……。本当は死にそうにつらくても、人間は人に対して笑ってみせることだってできる存在なのです。

その時、私たちは感情に振り回されない自分を獲得しているのです。私は英雄的な生き方とは、このような生き方だと考えています。

こういうふうに述べてくると、おそらくみなさんは「どんなにつらくても何もいわずにガマンして、毎日のやることだけはやらなくちゃいけない」といっているだけに聞こえるかもしれません。

しかし私は、ただガマンしろといっているのではありません。それがもっとも、私たちの本質をそこなわずに、立派に成長していく唯一の方法だと思っているのです。

マイナス感情の恩恵もある

人間には、「生命の方向に向かうエネルギー」と、どうでもいいやと思う「死の方向に向かうエネルギー」の二つがあります。

私たちが気分的に落ち込む時は、後者のエネルギーに支配されているのです。その気分に押されて、やるべき行動に出ない場合、私たちはますますどうでもいい生き方をしてしまいます。

しかしどんなにつらくても、つらい気分のまま、毎日のやるべき行動から逃げないでいるなら、それは、生命に対する前向きな関心と同じですから、私たちはつらい感情と同時に、生命に対する行動を実践していることになるのです。

そして、行動は新しい感情を生み出すという法則どおり、ついには行動による感情のほうが勝ってしまうのです。

なんだかとても理屈っぽく聞こえるかもしれませんが、これは事実です。

言葉というものが、真実を伝えるのに非常にそぐわなくできているため、真実を語ると転倒した印象を与えてしまうだけなのです。

どんなにつらい感情を持っていても、行動することはできるはずです。すると新しい感情がわいてきます。こうした生き方を重ねていくと、落ち込みや、イヤな感情がそれほど怖くなくなってきます。

むしろ、マイナスの感情があるお蔭で、注意深くなれたり、深い感情が逆に理解できるようになったりします。落ち込みや、イヤな感情も、人間に必要なことがわかってくるのです。

「岸の向こう側の宝物」へどんなふうに近づきますか？

ここでひとつの例を出して、感情と行動についてさらにわかりやすく説明しましょう。

次の説明を読んで、自分に当てはめてよく考えてみてください。

深い深い谷底の上に、幅のせまい板がかかっています。向こう岸には、宝の山があり、みんながそれを欲しがっています。

でも、向こう岸に渡るためには、幅のせまい板の上を行くしかなく、とても怖いワケです。こういう場合、私たちは三つの態度のどれかをとりがちです。

まず第一番目は、恐怖を感じないようにヤセガマンして、クソ度胸で渡ろうとする人。

一見、勇気があって頼もしいように見えますが、こういう人が一番谷底に落ちやすいワケです。まず、せまい板を渡るのですから、怖くないワケがありません。

私たちは自分の感情をゴマかそうとしたり、意志の力で変えようとすると、自分に嘘をつかなくてはいけなくなります。そして、わざと怖くないような素ぶりを見せ、注意力を失い、谷底に落ちてしまう危険が大きくなるのです。

これは勇気ではありません。自暴自棄の態度と同質のものです。

二番目の人は、渡るのが怖いので、もう少し自信がついてから渡ろう、と考えました。多くの人がこのタイプだと思います。しかし冷静に考えると、このタイプには非常な矛盾が生じます。

深い谷底は、いつになっても怖いものです。たまに怖くないと思っても、それは一番目の人と同じニセ勇気ですから、非常に危険です。

また怖くなってから渡ろうとしたら、その人は永久にその板を渡って宝物を得ることはできないでしょう。そして素直に、

「私は勇気がないから渡れない」

というふうには人は普通考えないのです。

「たいしたことないんだよ。あんな宝は」

と、心に嘘をつきはじめるのです。

ニセ勇者は、危険。逃げたら、嘘つき……。

では、私たちはいったいどうすればよいのでしょう。そこで第三番目の生き方に目を向けてみましょう。

第三番目の人は、次のように考え、実行しました。

「渡るのはとても怖い！」

これは意志の力で変えられません。

「でも、宝物は欲しい！」

これも嘘ではありませんでした。そこでその人は、「怖がりながら……恐る恐る、渡って、宝物を手に入れよう……」としたのです。

まさに、私たちに無理なくできるのは、この態度ではないでしょうか。

そして、一度でも恐る恐る渡ることができて、少しでも宝物を自分の力で手に入れたら、その時は嘘でない、本当の自信がわいてくるはずです。

二番目の人は、自信がついてから渡ろうとしました。しかし自信とは、行動してみない限り、ついてくるはずがないものなのです。

欲しいものへの〝真実の行動〟

私たちの人生には、数々の欲しいものがあります。お金が欲しい人も、恋人が欲しい人も、友だちが欲しい人も、やりがいのある仕事につきたい人も、色々でしょう。

私たちはつねに、岸の向こう側の宝物を見ているのです。

恋人が欲しければ、それを手に入れるための行動が必要になってきます。

しかし、相手が本当に自分を振り返ってくれるかどうか、その保証はありません。場合によって、ふられることだって考えられます。

しかし恋がしたければ、恐る恐る、ビクビクしながら、愛する人へアプローチをしなくてはいけないのです。クソ度胸など不要です。

怖いのですから、本当に、恐る恐る相手に近づけばよいでしょう。

自分の前で緊張しながら好意を示してくれる人を、誰がないがしろにできるでしょうか。

真実の行動は、それが成功しても失敗しても、必ず私たちを立派に成長させてくれるのです。

感情の法則をよく理解し、今日から、欲しいと思うものに、恐る恐る、トライしていき、あなたの人生を有意義なものとしてください。

CHAPTER FIVE

5

心の法則

心の神秘的なはたらきを
活用する法！

心の神秘

感情に法則があるように、心にも心の法則があります。

心の法則を知ると、人生に意味を見出し、自分の人生を善《よし》とするのに大変役立ちます。

自分を愛するように人も愛する、とは聖書の言葉だったと思いますが、心の法則の中でもっとも大切なルールがこれなのです。

多くの心理学者の方々がおっしゃるように、

「良いことを思えば良いことが、悪いことを思えば悪いことが起こる」

というのは本当だと思います。

すべてのものは心の中にあるわけで、その心にあるものが単に現実のものになってくるにほかならないのです。

とはいえ、良いことを考えようとリキめばリキむほど、悪いことをつい考えてしまい、気にしはじめるのが人間なのです。ですから、いうほど簡単にはいかないこともたしかでしょう。

どんな苦しみや悲しみにものまれない法則

では、本当のプラス思考とはいったいどういうものでしょうか。

真のプラス思考というのは、都合のよい未来だけを引き寄せようとするものとは違います。

結局、良い悪いというのも、最後の最後になってみなければわからないことで、良いと思ったものが結果として悪くなることもあれば、悪いと思ったことが結果的に良くなることもあるのです。

そう考えると、どんな未来にも私たちにとっては意味があるのではないでしょうか。そうであるならば、どんな未来が訪れようとも、それを真正面から受けとめて楽しんでみようではありませんか。

ある未来を求めて一生懸命努力することは、生きる意味でもあるし、楽しいこと

ですが、努力したからといって自分が考えたとおりの未来が訪れるとは限りません。

その部分は運を天にまかせて、

「やることはやるけれど、その結果がどんなものであったとしても受けとめて見よう！」

と思うことが、本当の人間の英知ではないでしょうか。

「オーッ！　こんな苦しいことが起こった。こいつは珍しい！」

と案外、逆境でも楽しめるかもしれませんし、まして楽しいことが起きたら、

「ホーッ！　こりゃすごい！　こんなこともあるのか！」

と、これまた楽しめるわけです。

どんな未来にも身構えずにドンと受けとめようという気持ちになれば、私たちは相当人生が面白くなるのではないでしょうか。

「明日はどんな日になるのだろう？　そして何が起きるのだろう？」

と考えるだけでゾクゾクと楽しくなるというものです。

苦しいことが起きた時、

「思いっきり苦しんでみよう！」

と、逆に元気が出るかもしれません。

そうすると、楽しいことが起きたら、ありがたさから涙が出るかもしれません。良い未来だけに執着すると、それと対極にある「不幸」をことさら恐れる気持ちを強めます。

失恋したら悲しめばよいのです。楽しければ笑えばよいのです。そうする以外、どこに人間の生きる道があるでしょうか。

心には自他の区別がない（心の法則1）

これは、心の第一法則とも呼べるものですが、ここには大変な知恵が秘められています。

私たちは肉体を持つと同時に心を持っています。心と体を区別する必要はないのかもしれませんが、働きがはっきり分かれていることもたしかです。

本棚から一冊の本をとろうとする時、まず、

「あの本を手にとろう」

との、心の働きがあり、その次に実際の行動がとられるワケです。

順番としてはまず心があり、次に具体的な形がとられる、ということです。そういう意味では、私たちをとりまくあらゆる環境や状況や出来事は、私たちが日頃抱いているところの心の働きが、具現化されたものといえるでしょう。

すべて自分の身に実現する

ですから、悲惨な自分の運命を呪う前に、私たちはそれが自分の日頃抱いてきた心の具現化された姿であることを、冷静に受けとめ、理解する必要があると思うのです。

こういうと、おそらくほとんどの人が、

「これまで自分の不幸や不満や不足を、心に描いたり願ったことなどありません」

と思うはずです。

しかしここで繰り返しますが、心の法則では、心には自他の区別がないのですから、自分のことに限らず、心の働きが否定的であれば否定的なことを、肯定的であれば肯定的なことを、自分の身に実現させてしまうのです。

たとえば、自分の貧しさをあざ笑うことがない場合でも、ことあるごとに貧しい人を心の中でさげすんだり、バカにしていたとすると、その働きには自他の区別がないので、人をバカにしたつもりが、自分の貧しさをバカにすることと同意語になってしまうのです。

その人は結果的に、自分が貧しくて、どうにもならない人間で、きっと永久に貧しさから抜けられないだろうという信念、または信仰を持つに至ります。

すべては心の働きが先で、それが具現化されるワケですから、私たちの信念や信仰は、いずれ必ず、実際に自分の身に体現せざるを得なくなるのです。

肉体や物質は、心に描かれたものを体現させる従順な機能といえます。

他人の不幸を面白がったり笑ったりすることが、いかに危険で不幸なことかを、心の法則を知った以上は、肝《きも》に命じて理解しておく必要があるでしょう。

なぜ世の中に不幸や不満がはびこるか

なぜこんなにも私たちの世界はおかしくなってしまったのでしょう。

なぜ世界や世間には、沢山の悲劇や悲惨な出来事が多いのでしょう。

元の元をただせば、他人の幸福を願い、他人の喜びを自分の喜びとし、他人の安泰に自分も安らぐという、そういう人が少なくなってきたからにほかならないのです。

みんな自分だけがよくなればいいと思い、他人の不幸にも同情を示さず、他人の不幸を見て安心し、他人の不幸を、心に受け入れてしまっているからなのです。

もっと謙虚になって、他人の不幸を見た時には心を痛める、それ以上不幸が大きくならないように心に祈り、実際に助けることができない場合でも、せめて、「明日は我が身」といった、人ごとでないという気持ちを抱くだけで、ずいぶんと救われるものなのです。

私はこういうことを決して道徳論として述べているのではありません。理想論でもありません。現実的な話として述べているのです。

他人の不幸を喜んでかわりに自分が幸せになれるなら、この世はとっくに天国になっているはずです。そんなことはあり得ません。他人の不幸を面白がれば、その不幸は拡大した形で自分の身にいずれ体現されるのです。

残念なことにそういう人が多いので、世の中にはこんなふうに不幸や不満がはびこってしまったのではないでしょうか。

道徳論などではなく、私やあなたが幸せになるために、私は述べているにすぎません。心には自他の区別がないので、本当にそうなってしまうのです。

〝取り越し苦労〟はそのまま現実化する

なぜ恋人があらわれないのか。
なぜ恋愛がうまくいかないのか。
なぜ良い結婚相手に恵まれないのか……。

たしかに色々な理由はあると思います。しかし基本の基本、元の元はあなた自身の心ですから、その心の姿勢がもしもどこかで間違っていたとしたら、まずそれを

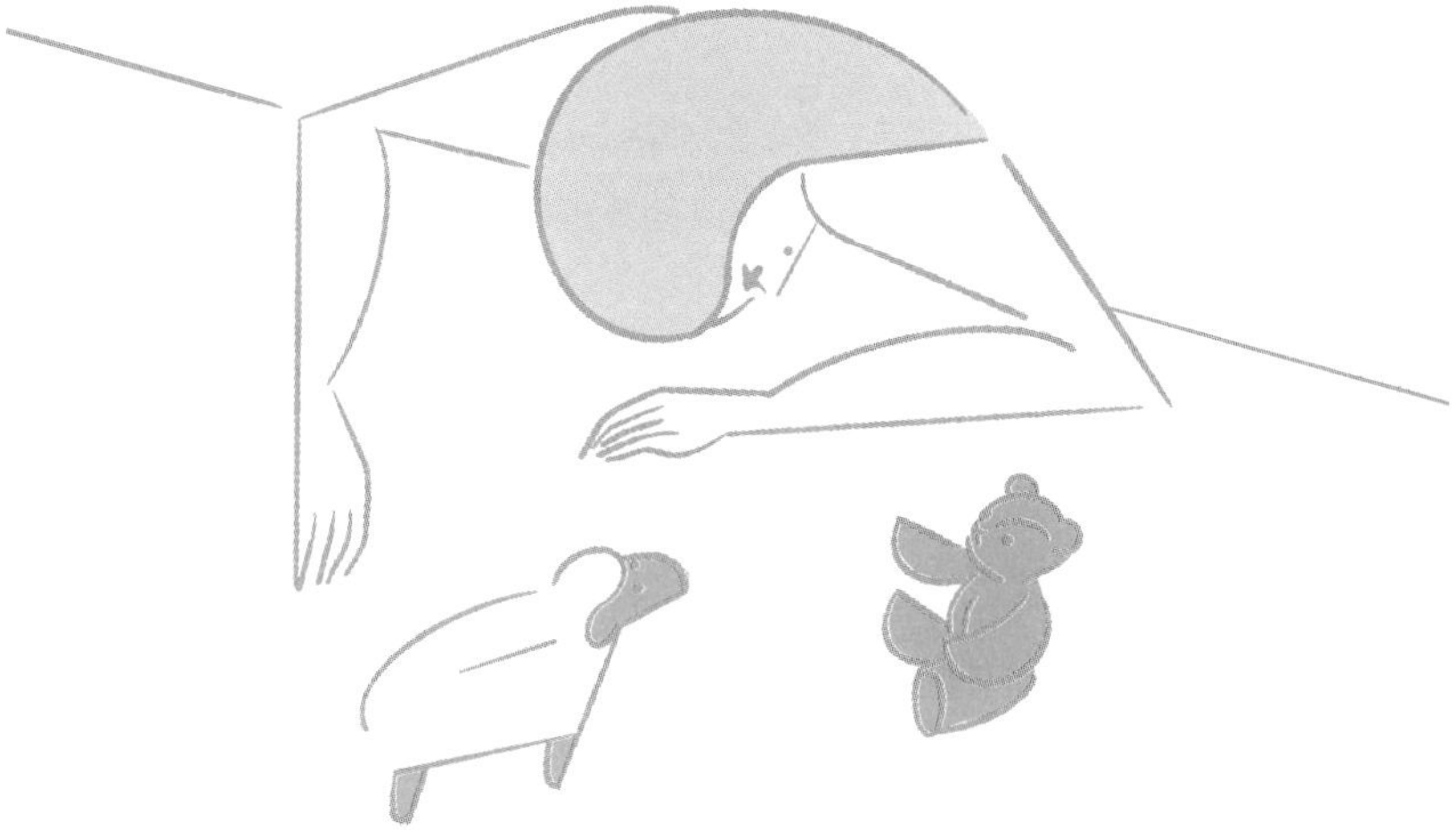

矯正することからはじめるべきでしょう。

たとえば、友人が去っていく本当の理由は、あなたが「友人が去りはしないか」とつねに恐れていたのが原因になっている可能性が高いのです。

相手の浮気を恐れる人にも、こうした現象が生じます。恐れた目や疑いの目で相手を見つめると、そうした気持ちは伝染してしまうのです。

そして、相手はあなたが別れたいと思っている……と、あなたの気持ちを逆に受け取ってしまいます。

そうして、法則どおり、心の恐れは実現してしまうワケです。

ですから、私たちは決して人の心を疑ってはいけません。

多少ギクシャクしても、自分からその人が去ってなどいかないと信じていれば、たとえ一時的におかしくなっても、人はまたあなたの元に戻ってくるものです。

「本当に心の底から思う」

心の姿勢を矯正するには、最大限に、「心には自他の区別がない」のだと自分自身にいいきかせ、実践することです。方法は簡単です。

恋人が欲しい人は、恋人を得て幸せそうな人のことを、本当に心から、

「よかったね、幸せにね！」

と、思うようにしていくことです。通りすがりの名も知らぬカップルに対してでもかまいません。自他の区別はないのですから。

また、恋人が欲しい人は、恋人を得たのにうまくいかないで悩んでいる人を見た時、

「なんとか頑張るんだよ。うまくいくようにね！」

と、本当に心の底から思うことです。

心の奥の扉が開いて壮大な愛のエネルギーが……

はじめのうちは、「本当に心の底から思う」という感覚がつかめないかもしれません。

けれども私たちは誰もがおそらくは神の子供なのです。人の不幸を喜ぶよりも人

の幸福を願うことのほうが、より真実であり、より心がこもるということを、実践によって手ごたえを得ていくことでしょう。

心の底から思えなければ、少しでもそういう気持ちを持つことからはじめることです。最初は形だけでもいいでしょう。そうしていくうちに、自分の心の奥の扉が開き、他人に対する思いに無理なく熱いものが感じられるようになっていきます。

その点、これまでに何らかの苦労をしてきた人は、生きることの苦労を知っているし、つらい思いを長く重ねてきた人の心には、熱いまごころがつちかわれているものです。

いったん、そうした人の心に、自他の壁がとれて、他人の幸福を願う気持ちが働くと、それは壮大な愛のエネルギーとなって私たちに注がれます。

私たちの世界がかろうじて守られているのは、そうした人々の私たちに対する思いと、祈りの力によるものなのではないでしょうか。

私たちもまた、少しでもいいから自他の区別をなくし、身近な人々、道行く人々、名も知らないけれども縁あった人々の幸せを思い、祈ることが大切なのです。

それによって、私たち自身もほかの人も満たされ、救われるのですから。

不思議な心の動き

心が元の元であり、その心に思ったことが必ず具現化するならば、では自分の幸福を信じてそれを実践すればよいではないか、との考えも当然出てくると思います。

世に出ている心の法則として有名なのは、

「心は思ったことをそのとおりに実現させる」

というものです。

悪いことは思わないで自分の幸福やよい未来を思い描けば必ずそうなる、というのですが、それはたしかにそのとおりだと思います。

しかし心の法則性の最重要部分は、それ以前に「自他の区別を持たない」ということなのです。自分のみの幸福を願い思い描くということは、すでに自他の区別が生じていることになります。

また、自分の幸福を願って幸福になろう、良いことのみを考えて良いことを招こうと思っても、よほどの精神性を持たない限り、現実問題としてかなりむずかしいのです。

人間の心には非常にデリケートな均力がはたらいているため、一方のみを思えば、もしそうならなかった際の否定的不安が心に蓄積されます。

具体的にいいますと、「よい未来を思い描こう！」といくら意志の力で考えても、そう思おうとすればするほど、もしそうならなかった場合はどうなるのか、といった不安が、心の奥に蓄積されていくということです。

また、自分の一面的な欲求にとらわれることで、ふっと感じてしまった暗い気持ち、たとえば、

「自分はいつかビンボーになってしまうのではないか？」

といったような気持ちがわき上がった時に、必死になって、

「イヤ、私は豊かになる。豊かになる！」

と念じたところで、念じれば念じるほど、実は不安を増大させてしまうワケです。

こうした心のカラクリは、強迫神経症やノイローゼになるのとまったく同様の構造といえるでしょう。

たとえば、人込みが怖くて電車に乗れないという不安障害の人は、心の法則を間違えて解釈し、

「私は電車に乗れる！　人込みは怖くない！」

と無理に念じたりします。

しかし残念なことに、念じれば念じるほど不安障害は悪化します。そして挫折感も増大してしまうのです。

ここのところは、前に述べた感情の法則と同じで、怖いものをいくら怖くないと思ってみたところで、はじまらないと私は思うのです。

怖いという気持ちを素直に認めつつ、怖い怖いと思いながら電車に乗る態度がない限り、その人は永久に不安障害から立ちなおることはできないかもしれません。

そして、今述べている心の法則では、さらに一歩進んで、もしこの不安障害の人が、自分のことではなく、自分と同様なことで苦しんでいる人を見た時に、

「神様、力をあげてください。苦しんでいるあの人を、どうか助けてあげてください。あの人の苦しさを、私も毎日体験しているのでよくわかるのです。どうか助けてあげてください」

そう祈ることで何が起こるのか——。

まさに心の法則が働くのです。

自然な同情心というもの

こうした心のカラクリは、要するに自然な人情の問題というふうにも考えられるでしょう。自分のみの幸せを願って、

「私は幸福になる！　私は豊かになる！」

と念じる生活も、それはそれでかまいません。しかし、

「一生懸命努力しても、時にはうまくいかないこともあり、誤解されたり、貧しくなったり、病いになることも、きっとあるかもしれない」

と思う人生観のほうが、本当は、より素直で高度なのではないでしょうか。

なぜならそれは、自然や運命を不可知のものとしてとらえつつも、その中で一生懸命生きていこうとする、人間としての真実が見られるからです。

また、こうした自然な人情にそった考え方、生き方を通じてのみ、不幸な人に対する自然な同情が生まれるのです。

「あの人、きっと、今大変なんだなあ。頑張ってね」

と、口に出さずとも心に思うことで、その人自身も本当に救われていくのです。

こんな素晴らしい心の法則があるのに、私たちは自分のみの幸福を願うことで他の苦しみを忘れ、結果的に、自分にも人にも不幸を招いてしまっているのです。

心はすべてを善《よし》と見る（心の法則2）

心はあらゆることをすべて肯定的に見ているのです。私は前に、この世の中には悲しみや苦しみが満ちているといいましたが、心はそうしたことをも、実は善《よし》と見ているのです。

なぜならすべての物事は、その時々の姿はともかく、良い方向へと向かっているからです。

苦しみや悲しみというのも、実は心がまいてきた種の当然の結果であって、それを具現し消化することで、さらに良い方向へと進む可能性があるのです。

心の法則でみるなら、今の世界は、一見すべてが悪い方向に行くように見えたとしても、結果的にどんどん良い方向へ向かっているということです。

それは、世の中を構成している私たち一人一人の運命についてもいえます。

自分の人生がどん底になったように思えても、ツイてないように思えても、苦しいように思えても、結果的に良い方向へ進んでいるのです。進んでいるからこそ行き詰まるし、苦しみも生じるのです。

止まったままなら、たしかに苦しみは生じませんが、良い方向にも向かいません。

大きな善が花開く時

世の中の悪や悲惨さを目の前にすると、私たちはつい、怒りや絶壁を感じます。

しかし心の法則に照らし合わせて考えてみると、それほどガッカリすることも怒ることもないのかもしれません。

どのような悪人でも、自分の行ないに耐え切れなくなるとか、自分の行ないがいかにひどいことであるかを自覚し理解するようなことがあると、悪人は一転するかもしれないからです。

それまで悪人であればあるほど、一転した際は、大きな善が花開くのです。

現代は、非常に行き詰まった時代です。自然が消えてゆき、お金だけが異様なほどの価値を持っています。肥大化した経済システムが、自然や生活をおびやかしています。

しかしこれとても、そのような考え方をすると、ここまで徹底的に自然を破壊し、お金一辺倒の社会をつくったのですから、いずれ改心した際には、一転して素晴らしい時代に変化する可能性があるということなのです。

その際に大切なことは、こうした悲惨な世の中をつくった人たちのことを、悪人と定義しないことです。

心の法則ではすべてが「良い」のですから、悪自体にも意味があり、それを否定してはならないのです。悪人と定義することで私たちはかえって悪を育ててしまうのです。

たとえば、今の医療システムや企業活動には間違いなく、非人間的でおかしな面がたくさんあります。

健康問題などは、予防医学に力を入れるだけで相当な効果が期待できるのですが、それでは医療システムが儲けられないワケで、構造的に病人を必要とするといった悪魔的なところがあります。

また企業活動もひどいもので、本当に人間の幸福を考えるどころか、人間をお金儲けの道具に使っているような露骨さがあります。

家一軒が二代にわたってしか買えない時代、すべてをアスファルトでおおいつくす街づくり、緑を奪ってビルを建てる、体に悪い食べ物を平気で売っている……。

こういうことは、いずれ必ず問題となり、公にされてくるでしょうが、その時に、「あいつらが悪い！」と、弾劾《だんがい》するだけではいけません。

彼らを悪として定義づけすれば、私たちはこれまでつくったすべての土台を壊してしまうことになるでしょう。むしろ「悪人」に新しいビジョンを与え、改心させて、新たな力にさせることが大切なのです。

自然を壊してビルやアスファルトで大地をかためることが、もう人間の幸福に役立たないことが本当にわかったなら、これまでの建設業者を非難するだけでなく、彼らに正しいビジョンを与えて実行させればよいのです。

たとえば、

「コンクリートを壊して地上を緑の楽園にしましょう。道路は地下などにつくりましょう」などと。

そうなれば、彼らはビルをつくって儲け、またビルを壊して儲けられるし、そのうえ、人間の幸福に役立つという手ごたえから、まさに改心を早め、改心後は、国民に足を向けて眠れないほど従順になってくれるでしょう。

反対に彼らを悪人と定義すると、

「何いってんだ！」

と、彼らはさらなる工夫と悪知恵によって、私たちと真っ向から対立せざるを得なくなります。

医療も同様でしょう。今は病人が多いほうが儲かるシステムですから、今度は病人が少ないほうが儲かるシステムに変えてあげればよいのです。

一人の医師が国民百人程度の健康を管理し、病人が出ない場合を高く評価してあげるのです。そうしたらすべての人のやりがいと利益が一致し、みんなが喜びます。

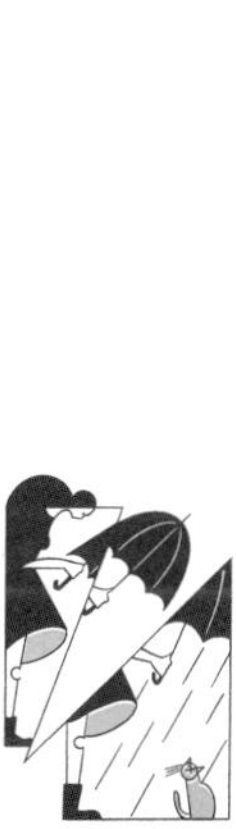

どんな苦しみも悲しみも一面の真実でしかない

社会問題を例にとりあげましたが、これは私たちの心についてもいえることです。私たちの中にある悪や、よくない面を、私たちは決して、憎んだり非難してはいけないのです。

過食症の人は、

「なぜ食べるの！　なぜやめられないの！」

と、自分を責めてはいけないのです。

「異常に食べないとやっていけないほど、苦しいんだね。ごめんね。苦しい思いをさせて……。おなかも可哀いそうだね。食べすぎてつらいだろうね」

と、まず、理解と同情を示してあげることなのです。

自分でもどうにもならないことをどうにかしようとしても、うまくいかなくて当然です。どうにかしようとしてうまくいくなら、苦しむ以前に、とっくに何とかできていたはずなのです。

本当に行き詰まった時は、自分がどうしようというのではなく、自分の中に何人もの自分がいて、まとまりがつかないと考えるのです。

そして自分の中のもう一人と、ゆっくりお話し、時になぐさめ、時に勇気づけてあげることです。

過食症の場合でいえば、まず何が何でも食べようとする自分がいて、食べてはダメという自分、次に食べすぎによって肉体的に苦しむ自分の、三人がいるのです。三人にそれぞれに話して聞かせ、安心させ、納得させることが大切です。

話して聞かせる中心のあなたこそが、本当のあなたの心です。その心はすべての人（色々な自分）を和し、安心させ、勇気づけてあげられます。

この心を実感したなら、どんな苦しみも悲しみも、それが一面の真実でしかないことに私たちは気づくことができるでしょう。

心は喜びである（心の法則3）

心の最後の法則は、心の実体が何であるかを、私たちに教えてくれます。これが心の最終法則であり、喜びこそが真実なのです。

本当に心がこもったものには、例外なくそこには喜びがあります。心を大切に生きることは、私たちが喜びの人生を歩むことなのです。ここに、私たちの毎日の生活や人生のたしかな反省の基準があります。

損得でもなく善悪でもなく、それには喜びがあるのかないのか、それだけが私たちの唯一の反省の基準なのです。喜びのない生活や人生は、そんなに正しく立派に見えようとも間違っているのです。

真実の愛にも、必ず喜びがあります。なぜなら、心が伴っているためです。心が伴わない愛には、たとえ安心はあっても喜びはありません。

人間は喜ぶために生きている

私たちが喜びながらおこなうことは、必ず発展し、悲しみや苦しみのみでおこなうことは発展しない運命にあります。

なぜなら、元の元は心にあり、その心の本態が喜びそのものである以上、喜んでおこなうことだけが発展する運命にあるのです。

ただし喜びはその人の心のレベルに従います。世の中が悲惨に見えるのは、低レベルの喜びが体現されているからにほかなりません。

しかし何であれ、喜びはさらに発展していくのですから、人を呪うよりも人を祝す喜びのほうがさらに大きな喜びであり、人を苦しめて優越を感じる喜びより、人を救って共に祝う喜びのほうがさらに大きな喜びであることを、いずれ必ず気づきます。私たちはそういう道に置かれているのです。

あなた自身も同じです。自分自身の中には、至らぬところやイヤな面、嫌いなところはあるでしょう。しかしそのあなたの元の元に喜びの火が消されることなく残

されている以上、喜びがあなたを支えてくれるのです。その大安心の中で、あなたはあなたの魅力に気づき、あなたの人生を歩んでいくはずです。

喜びを抱いている時のあなたが本当のあなたなのです。

悲しみと苦しみに悩む時、それはあなたの中のたった一人や二人の苦しみにほかならないのです。あなたは自分の中のその人と対話し、なぐさめることで、必ずやそれを克服するでしょう。

そして私たちは、どんな悲しみや苦しみにものまれることなく、喜びの人生を生きていけるのです。

CHAPTER SIX

6

自分を愛せない人は誰からも愛されない

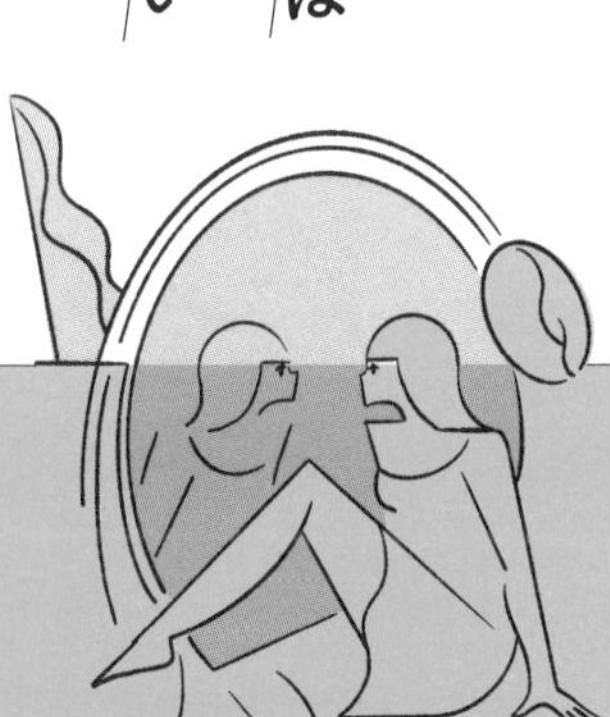

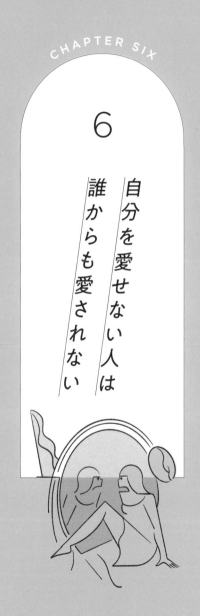

自分を愛する。人を愛する

自分が嫌いという人は、どこかで他人と自分を比べています。他人と自分を比べなければ、人はそんなには自分を嫌いになれないものです。

他人と自分を比べて自分をおとしめていると、私たちは自分が自分として生きていくことがイヤになってきます。自分でないものになろうとしだすのです。

そして現実的でない理想像にすがり、実際の自分とのギャップに苦しみます。

人間はどんなに未熟でも、その未熟な自分で生きていこうとすれば、それだけで幸せな生活がおくれるようになっているのです。

私たちの苦しみの多くは、理想の自分にこだわり、自分が自分でないものになろうとした結果生まれるものであることは、これまでにも述べてきたとおりです。

自分を受け入れなければ、人もまた決してあなたを受け入れてはくれないでしょう。内にあるものが外に出るのです。

人は自分の運命を変えたいと思ったら、自分の内側から変えるのが早道です。内側の変化が外側の世界に反映されて、自分を取り巻く世界が変わっていくのですから。

自分の本当の気持ちを大切にして、格好をつけずに素直に自分を出していけば、私たちの人生はすぐに変わるでしょう。

私たちは「善人」になる必要などないのです。自分を悪人だと思っている人の中に、本当の悪人などいないのです。

自分を善人だと信じて疑わないのが、真の悪人になり得るのです。

自分のいたらなさに気づく心ほど美しいものは、この世にないのではないでしょうか。

自分のいたらなさを知っている人だけが、他人を許せるのではないでしょうか。

私たちは自分の欠点ゆえに、自分も人をも愛せるようになっていくのではないでしょうか。

ありのままの自分を大切にしてください

ありのままのあなたをいいと思ってくれる人、あなたでなくてはイヤだと思ってくれる人……そういう人は必ずいます。ただ、それを自分が信じられないから、おかしなことになってしまうのです。

ありのままの自分では通用しないと思っている面が、私たちには多少あるのかもしれません。そのため、

「人とは違うのよ！　バカにされたらイヤ！」

などと間違った考えを起こして、ヤケにつっぱったり、対抗的になったり、ブランド品を身につけるなどして、自分が凄い人間かのようにふるまいたくなったりします。

しかし悲しいことに、そのために、かえってズルい人をまわりに集め、不幸な人間関係をおくるようになったりするワケです。

高価な品をこれ見よがしに身につける人に近寄る人間、それは同様の人間でしかあり得ないからです。

もとを正せば、「ありのままの自分では通用しない」という、間違った考えを身につけてしまった結果といえるでしょう。

自分の好き嫌いをはっきりいうこと

ありのままの自分を大切にする一歩は、自分の好き嫌いを表明するようにすることです。

「ラーメン食べにいかない？」

と誘われた時にイヤだと思ったら、

「私は食べたくないワ」

と、いうことです。

相手にあわせなければつきあえなくなるような人とは、別れればいいのです。

そうした小さいことでもいいから自分の好き嫌いの感情を大切にしていくと、自分に正直にふるまうため、心に余裕が生じてきます。そうなると、

「ラーメン？　あまり食べたくないけど、まあいいや。つきあってあげるヨ」

などと、かえって自分を自然にゆずれるようになり、生きていく世界が広がったり、いい人間関係が結べるようになってきます。

大げさに聞こえるかもしれませんが、そうすると生きることが楽しく思えてくるのです。

自分に嘘をついていると、生きていることが重く冷たいものに思えてきます。みんなに良い人だと思われながらも、味気ない思いのままで死んでいく人は、けっこう多いのではないでしょうか。

せっかくの人生なのです。食べたくもないラーメンを人にあわせて食べたうえに、重たくつらい気持ちのまま生きていっては、これまでやってきたことも徒労、未来も徒労になってしまうでしょう。

ところで……お金は何のために使うのでしょう

自分を主張せずに自分を失うと、私たちはもっともつまらない、無視してもかまわないような人たちの目までも気にして、その人たちの心理的な奴隷となってしまいます。

ミエを張りあう人同士の間では、誠意や思いやりなどはこれっぽちもなく、お互いが相手の敗北や不幸を心の奥底では望んでいます。

そんな有害な人間関係であればあるほど、私たちはそこにエネルギーを注ぎ、相手の目を気にし、バカにされないようにと背伸びをします。

そのためにどんなに多くのエネルギーやお金が無駄になっていることでしょう。

一度私たちはお金の使い方にも、目を向けてみる必要があると思います。

なぜなら現代社会で暮らすということは、経済環境の中にいることであり、お金がなければ誰もが生きていけない生活をしているからです。

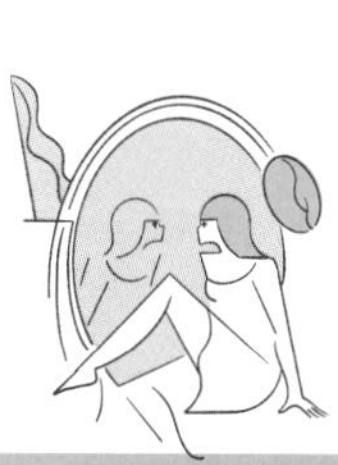

三つのお金の使い道

私はお金の使い道を、次の三つに分類して考えています。

①生きるために必要な衣食住を満たすためのお金
②自分らしく自由でいられるために使うお金
③限りない欲望を満たすためのお金

三つのうち、①は生存するために絶対必要なものですから、これは仕方のない当然の支出です。ただし、必要以上の贅沢におちいるなら、それは③の出費となるでしょう。

また①の出費は人間の最低限の生存を保障するものであり、基本的人権に関わりますから、①が満たされない状況は国や自治体が助けてあげなければならないでしょう。

生まれた以上、最低でも①のレベルは満たされなければなりません。戦争などで

①のレベルを満たせず、多くの人々を死に追いやることは、人間として本当に恥ずかしいことであり、罪といえます。これはあってはならないことです。

しかし一般に私たちの生活を振り返ってみると、実はこうした最低レベルの①を、満たせない場合が多くなっています。

なぜかというと、際限のない欲望を満たすために多くのお金を使ってしまって、基本的な生命を維持するためのお金にまわせなくなっている、といった状況が起きているのです。

どんなにお給料をもらっても、服や遊びで使ってしまい、食事はコンビニ弁当中心で過ごす、といった生活をおくっていけば、当然①のレベルでさえ満たせなくなってしまいます。

①のレベルを満たすということは、決して贅沢はしないが、体が本当に求めるもの――、しかも体に良い正しい食べ物や、衣服や住居を与えてあげることにほかなりません。

そういう意味では、贅沢ざんまいの過食や、体に無理をさせる有名ブランドの服や、空気が悪く騒音だらけの最高級マンションでの生活では、もっとも基本的な①のレベルが満たせないとも考えられるのです。

私たちはミエや限りない欲望を満たすために、最低レベルのことを犠牲にして、自分自身をないがしろにしているのです。

自分が本当に必要としているものがわかる

体調が悪いのに、窮屈なブランド服を着たところで、私たちの最低の感受性である肉体は、喜ぶどころか深く悲しみ傷ついてしまいます。

心の問題も体の問題も、私はまったく同様だと思います。

こうありたいと思う自分、理想の自分を本当の自分だと思いたい時、私たちは本当に自分が求めているもの、本当に自分が必要としているものがわからずに、不必要な物、有害な物を求めたりしがちなのです。

お金の使い方を見れば、自分に対して何を求め、何を勘違いしているかがはっきり見えてくると思います。

心も体も喜ぶ生活

①で使うお金はそんな大した額にはなりません。誰もが必ず満たすことができる金額です。その最低レベルをきちんと満足させれば、実は私たちの日頃の悩みの、実に多くのものが解消されてしまうことに、私たちはあまり気づいていません。

①でいう最低レベルの内容を具体的にいいますと、人によっても異なるとは思いますが、

平均的に考えれば、七～八時間の充分な睡眠。

簡素ではあるが体に良い食品を中心とした三食の食事。

また、それをゆっくりと、あわてずにいただける時間。

体にあった着心地のよい清潔な服を毎日着ていること。

都会の真ん中の高級マンションよりも、多少は緑がある郊外で、安くても清潔で陽当たりの良い一部屋。

これ以外のものではありません。

以上の①のレベルを満足させてあげるだけで、私たちの毎日の気持ちや感じ方や

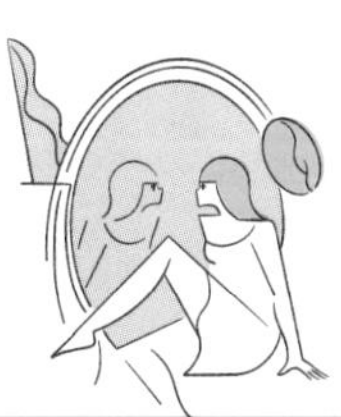

人生観が、どんなにか変わることでしょう。それは試してみればわかることです。

高級車を乗り回しながら万年床のせんべい布団で寝ている人は、やはりどこか、何かを勘違いしているのだと私は思いますし、フランス料理のフルコースにこだわる人が、家では食品添加物がいっぱいの安いしょう油や塩や味噌を使っているのは、何か腑《ふ》に落ちません。

もちろん、何を着ようが何を食べようが人の勝手だし自由だと思うのですが、生態維持に関しては、誰にも共通の原理原則があることも、忘れてはならないでしょう。

充分で快適な睡眠、体に悪くない食べ物、体にラクで快適な服、立派である必要はないが心地良い住環境、以上の四点をまず満たすこと、それを生活や生き方の原点としてとらえることは、やはり大切なことではないでしょうか。

そこが本当には満たされていないために、日々の生活の手ごたえを感じられなかったり、生きている実感がなかったり、ストレスが解消できないということも、充分にあると思うのです。

そうなると、私たちはつい一時の刺激を求めてストレスやウサを晴らしたくなり、

③のような限りない消費に、お金を費やすようになってしまうのではないでしょうか。

何度もいいますが、①のレベルを満たすことは、最低賃金しかもらっていないような人々にでも充分にできることです。

安アパートで暮らすとしても、できるだけ風通しと陽当たりのよい所を探し、寝る所だけは寝心地のよい快適で清潔なものとし、三食を質素ではあるが体に悪くないものを楽しく食し、安いが着心地のよい、夏は涼しく冬は暖かい服を着て暮らす。そうすれば、たとえ電化製品やオーディオ機器に取り囲まれていなくとも、楽しくストレスのない生活がおくれると思うのです。

もちろん贅沢な生活の楽しみや趣味はあって当然のもので、そのための出費は誰にでも必要だと思います。しかしここで大切なのは、それには順番があるということです。

まず①のレベルを本当に満たしてあげた後で、次のことを考えるべきではないでしょうか。

さもないと私たちはつい、欲のほうに目がいき、自分が本当に必要としているも

のを忘れ、自分自身をないがしろにしてしまうのです。

欲しい物を買うために、どんなに多くの人が、自分に無理をし、自分をないがしろにしてきたことでしょう。

お金の自由な使い方・不自由な使い方

次にお金の使い方でもっとも価値あるものが、②の自分らしく自由でいられるために使うことではないでしょうか。
①のレベルを満たすだけでも私たちは相当生きていることが楽しくなりますが、次の②のレベルを満たすためにお金を使えると、これはもうパラダイスが訪れると思えるほどです。

現代人のほとんどが何らかのかたちで、人間のつくったシステムの中に組み込まれており、その中で自分を失っていることが多いのです。

受験勉強からはじまって出世競争に至るシステムは、容易に私たちの自由を奪うようにできています。他の人よりもよく思われたい、偉くなりたい、お金持ちになりたい、出世したい、ラクしたい……。

現代の競争社会では他人と自分とを比較し、その優位性を実感することで満足や幸福度をはかろうとしています。

また同時に劣等性を刺激することで、競争論理を正当化し、不安な人々を過剰に働かせることに成功し、また、過剰な労力でつくった余剰商品の消費を可能にさせているのです。

こうしたシステムの中で自分自身の一定のペースややり方を保って生きていける人は、実はそれだけで相当な人格者といえます。

それは本当にむずかしいことであり、私たちはまずいまずいと思いつつ、つい自分の不安から、または周囲の期待にそむけないといった気持ちから、またはもっとお金が欲しい、という欲などによって、正しい生活ペースを失いやすいといえます。

私なども過去を振り返ってみると、それは恥ずかしいもので、年間三千時間の仕事を十年以上も続けていたことがあります。

年間三千時間の仕事量というのは、これはクレージーなレベルで、要するに過労

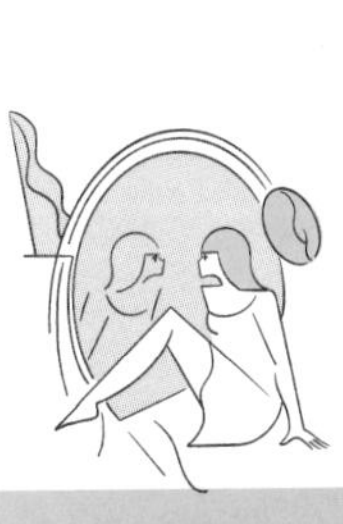

死してもおかしくない量です。

　ではお金が欲しいからそうしたのか、本当にやりたくてそうしたのか、あるいは有名になりたいとか出世したいと思ってそうしたのかなどと考えてみますと、私の場合は、「周囲の期待にそむけない」という自分の弱さがそうさせていたように思います。

　しかしそれはクレージーな判断ですから、やはりどこか間違っていたのです。自分が思うほど周囲は私に期待していたワケでもないのですから。

「残念ですができないんです」

と、もし私がいえば、ほかにかわりの方を見つけて仕事はでき上がっていたはずです。

　また、私は無理をして仕事を引き受けているんだ、といったような気持ちでいましたから、自分だけが苦労しているといった印象や、仕事をやらされているといった気持ちを、やはり心のどこかで持っていたと思うのです。

　要するに、誰が私に命令したワケでもないのに、不自由な気持ちになっていたということでしょう。

そんなこともあって、原稿の締め切りに追われると、

「なんでこんなにやっているのに……」

といった、いいようのない不快感を抱くこともありました。


ある売れっ子マンガ家が早死にされた折に、同業の先輩マンガ家が、出版社の人々に対して、

「キミたちが殺したんだ」

とついボヤいたという話があるそうですが、友人思いであった先輩の悔やみの気持ちではあるものの、やはり本質は、周囲の期待を裏切れないその人の弱さにあったと考える以外にありません。

「周囲から好かれない限り生きていけない」「周囲の期待に応えない限り生きていけない……」

そうした間違った人生観、感じ方が、実は人間をいやしめ、人を窮地へ追いやっていくのです。

この世の中には、ありあまるほどの富を持ちながらもなお、自分の名誉を追い、周囲の評判を気にし、周囲の期待にそって生きようとする人がいるものです。

大企業の役員や会長クラスの人の中には、人間がこしらえたシステムの中でのみ威張るだけで、システムを取りのぞいたら自分自身に何の価値も見出せなくなり、自分の無力感、無価値感に悩む人が大勢いるのではないでしょうか。だから、組織やシステムに自分自身がとらえられてしまうのです。

私自身がまさに社会システムの奴隷のような状況で十数年も生きてきたワケです。年末やゴールデンウイークなどの長期休暇にはきまって発熱して倒れる。慢性の睡眠不足はあたり前。十数年の間に手術を三回も体験するという、悲惨な状況をみずからつくっていたのです。

②でいう自由であるためにお金を使わなければ、お金を使う本当の意味はないでしょう。

一日百個のお菓子しかつくらないお菓子やさんには、自由と楽しみと健康と永遠性があるように、みなさんは感じませんか?

どんなに売れるからといって、では明日から五百個、千個つくろう、来月には支店も出そう、来年はチェーン化しよう……もしそう考えていったとしたら、私たちはつい、自分自身がシステムの奴隷になっていくと思うのです。

何よりも、百個のお菓子を日々つくる時には、お菓子づくりにまごころと好意と、喜びと手ごたえがあったはずです。

しかし、それがチェーン化されたものとなることで、まず売り上げを上げねばならなくなる。したがって、マニュアルや合理化や利益こそが重大となり、働きそのものが私たちの個人の生き方と、どんどん離れていってしまうのです。

そして私たちの価値は、私たち人間そのものではなく、機能としての価値にしか置きかえられない、寂しいものになってしまうでしょう。

永遠性のある仕事

②の自分らしく自由でいられるためのお金の使い方というのは、自分自身を失うような仕事をしないでいられる自由と、ワーカホリックに至らない自由を獲得することなのです。

自分自身を失わない範囲で働くことは、自分の働きに意味を見出せることを意味します。

職を選ぶ場合にも、人のためにならない仕事を避けることができるでしょうし、自分の職業意識とのズレを感じた時は、多少のリスクはあってもキッパリやめて次の職に移れるでしょう。

そうなればイヤイヤな状態で働くことにはなりませんから、自分の労働を愛せるようになるし、楽しく工夫して働けるようになるでしょう。

そうなればエネルギーは無理なくわいてきますから、良い仕事ができるし、人々にも喜んでもらうことができます。

そうなれば暮らしていくには困らない充分な収入もまた、保障されるはずです。要するに永遠性があるのです。

一日百個しかつくらないお菓子屋さんには、永遠性が感じられますが、チェーン化されたお菓子企業は、時代の変化をかいくぐることに大変でしょう。存続するために、基本的なお菓子づくりのポリシーをも犠牲にせねばならない時がくるかもしれません。

能力をかわれて大企業の部長になっても、役員となっても、会長でさえ、②に関して自由でない限り、実は企業の単なる奴隷になってしまっていることに私たちはなかなか気づけません。

基本的条件である①を満たし、②をある程度満たす生き方ができれば、私たちはほとんどの人が、もっと自分を大切にして、楽しく豊かな生涯をおくることができるのではないでしょうか。

それを満たすよりも先に、つい欲に目がいってしまうために、私たちは③に浪費してしまい、本当に大切な①と②にお金を使えず、人生そのものを経済社会の人質にとられてしまっているのです。

自分を本当に大切にしてますか

自分の素晴らしさに気づくには、私たちは自分の生活の基盤が、シンプルで正当なものだという安心感が必要です。

そのためには日々のお金の使い方という現実の面からも、自分を見つめる必要があると思うのです。

今あなたが買おうとしているもの、それは①②③のどの出費に当たるのでしょう

か。

まず①と②を満たしたうえでの③ならば、それは、あなたの生活にうるおいと安らぎを与えるものであるでしょう。

しかし、もし③のために①と②とを犠牲にしているならば、あなたは自分自身を本当には大切にできていないのではないでしょうか。

自分を好きになることが幸福へのカギです

私たちは誰でも例外なく、自分と一生つきあっていきます。

いつも一緒にいる自分と仲よく過ごすのか、イヤイヤ過ごすのかで、私たちの一生はずいぶんと違ったものになるでしょう。

もしも私たちが、嫌いでどうしようもない人と一生暮らさねばならないとしたら、人生は地獄も同然。

自分を好きになるか嫌いになるかは、それほどの大問題であり、私たちの一生はこれによって左右されると思って間違いないのです。

自分を愛していない時は誰もあなたを愛さない

ではどうすれば自分を愛せるようになるのでしょうか。

これまでにも他方面から語ってきました。

ひと言でいえばこうです。自分を好きになる言動をとり続けていくことで私たちは自分を好きになり、自分を嫌いになる言動をとり続けていくことで、自分を嫌いになっていくのです。

では、自分を好きになる言動と自分を嫌いになる言動は、どこがどう違うのでしょう。

自分を好きになる言動には、実際の自分からズレない正直さ、単純さがあります。

反対に自分を嫌いになる言動には、実際の自分とは違う嘘が見られる、というこ

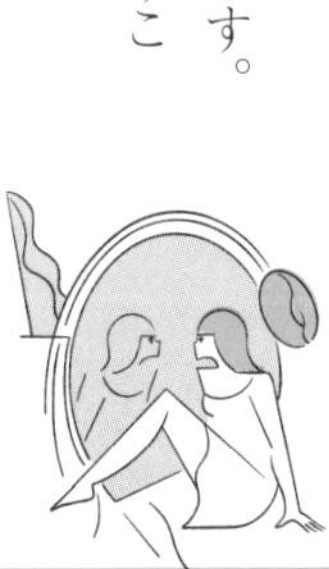

とです。

ではなぜ私たちは自分に嘘などつくのでしょうか。

その理由は簡単です。自分の実像で生きるよりも、たとえそれが虚像であったとしても、そうすることによって得られる利益や安心感が欲しいからです。


自分が貧乏人に見られることがどうしても耐えられない人は、嘘をついてでもミエを張り、お金持ちであるかのような言動をとります。そのほうが信用されて商売がスムーズにいくとか、他人から大事にされると感じるためです。

貧乏人に思われては不利だとか、バカにされると思ってしまうのでしょう。

たしかにそういう面も実際にはあると思います。架空の自分像をふりまいて生きていくほうが、たしかに有利な場合は多いのかもしれません。

しかしそれでは目先だけは得をしても、嘘がバレはしないかと、つねに緊張しながら生きていかねばならなくなります。

そうやって用心しながら生きるのは、疲れるうえに、つねに他人から見張られているような意識が生じますから、他人の存在が怖いものに感じられてきます。

他人に恐怖を抱くと、私たちはイラつき、怒りやすくなります。自分の安全をおびやかされるように思えるからです。

居心地の悪さの下には何が隠されているか

こうした一連のストレス自体は、嘘をつくことの当然の結論で仕方のないことですが、残念なのは生きることに対する誤解です。

実際の自分ではない嘘の自分で生きることは、緊張とストレスの連続であるにもかかわらず、本人は必死なので、自分の生き方そのものに疑問を感じる心の余裕はありません。

それはあたかも、必死になって警察から逃走する犯罪者が、ただ必死に逃げることしか頭になく、自分の生き方そのものに疑問を感じないようなものです。

要するに、正しい人生観なり生き方を、持っていないということです。自分に正直になり、実際の自分で他人に接し、お互い正直な心と心で生きることから生まれる価値や楽しさを、本当には知らないということです。

その原因は第一に、そういう幸せな人間関係をあまり見てこなかったこと。多く

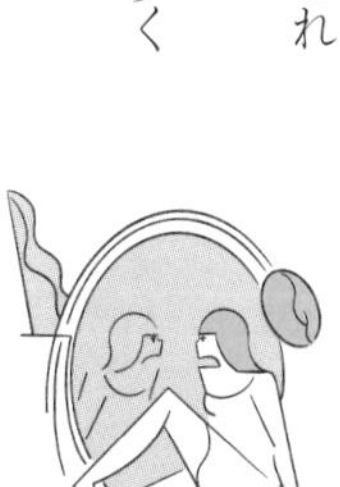

は育った家庭におけるものでしょう。

たとえばその人の親などが、自分をいつわらずに正直にありのままの姿で家族や人々に接してこそ感じられるあたたかさや豊かな気分。そうしたものを体験していないのです。

第二に、自分を無価値な存在だと悩んでいること。何もないありのままの自分では、通用しないと考えているのです。そこに至るまでには、他人にバカにされるなどして、コンプレックスが形成されていることもあるでしょう。

こうした二つの条件が当てはまる場合、私は、誰でも実際の自分ではなく、ポーズの自分でこの世を渡っていこうと考えるようになると思うのです。

大切なのは過去ではない

私がまずいいたいのは、自分を嫌いになってしまったことは大変な不幸であるものの、決してその人の責任ではないということです。やむを得ない、仕方のない選択だったにすぎないということです。

どんなに自分が嫌いでも、私たちは決して自分を責めてはいけないのです。責める必要などどないということです。

どんなに暗くても、どんなにズルくても、どんなに計算高くても、どんなにルックスにこだわっても、どんなに嘘つきでも、それらは決して自分の責任ではないのです。

自分を責めてはなりません。自分を責めるのではなく、そうするしかない、やむを得ない選択であったと、素直に受け入れることです。

豊かで幸せな人間関係を子供の頃に体験していれば、私たちはどんな苦難を前にした時でも、信頼できる人には信義をとおして、幸福な人間関係をつくっていこうとするでしょう。

多感だった頃に、最後まで裏切ることなく自分を守ってくれる人がたった一人でもいたとしたら、私たちは幾度の裏切りにも屈することなく、人を信じ、自分を信じて生きていこうとするでしょう。

しかし、そんなふうに信頼できるものを一度も見ていない、また体験していない人にとって、自分を守る以外に生きる道がないのは当然のことなのです。

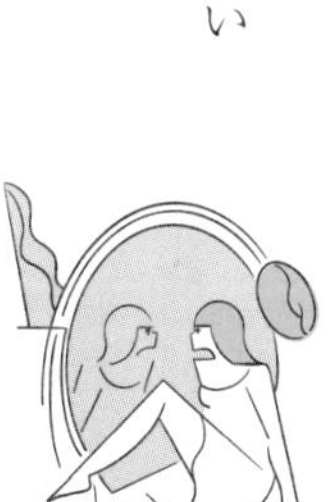

ですから、自分を責めて自分を嫌いになる必要はないのです。

大切なのは過去ではありません。大切なのは今であり、これからの生き方です。過去がどんなに不満足なものであったとしても、未来もそうだとは限らないのです。なぜなら未来は今の生き方を変えることで、自由につくり変えることができるからです。

その時、もっとも重要な原理が、「自分を好きになるには、つねに自分を好きになる言動をとらなければならない」ということです。

自分のことは自分には嘘をつけないので、たとえ、まわりをうまくゴマかせたとしても、自分では決して自分のことが好きになれないのです。

自分を好きになる言動とは、たとえ不利に思えようが、嘘でない本当の自分を表現していくことにほかなりません。

自分をオープンにしましょう

たとえば、好きな人には好きだという言動を隠さないこと。

自分を守ることに重点がいくと、好きな人ができても自分が傷つかないようなアプローチしかせず、好意が素直に言動に出てこない、ということが起こります。

もちろん誰でも不安は抱くでしょうが、それならば不安げに好意を示せばよいワケです。CHAPTER 2でも述べましたが、正直でありさえすれば、それは必ずその人の個性になるのです。

私たちは他人の個別性に関心を抱いたり好きになったりするのですから、個性が表に出てこない人は、人の好意をひきつけにくいのです。

お金がない時に遊びに誘われたら、

「行きたいけどお金がないからダメ」

というなり、

「二千円貸してくれたらつきあえるよ！」

というなり、嘘でない感情と個性によってあなたなりに答えればよいでしょう。

お金がなければバカにされると思って体面のみを気にした答え方をしたり、ただかたくなに拒否を示したりすれば、人はいずれ私たちの元を去っていきます。

また、学歴をバカにされまいとして肩ひじを張れば、私たちはすべての人間を敵にまわしたような気持になることでしょう。

その人がお金持ちであろうがなかろうが、学歴があろうがなかろうが、まったく関係なしに、その人間そのものに触れたい、つきあいたいと思っている人は、この世に大勢いるのです。

結果を天にまかせる態度

自分を守ることしか考えないと、私たちはついそのことを忘れてしまいます。

それも元はといえば、つね日頃の自分の言動に起因しているのです。

自分を好きになりたければ、こうありたいと憧れる自分像で語るのでなく、実際の今の自分から出る言動を大切にすることです。

そして結果は運を天にまかせた状態で待つということです。相手が自分のことをどう受け取るかなどのいっさいを運を天にまかせてしまうのです。すると生き方や人生に対する、一種の潔さが出てきます。

結果がどうあろうと自分は自分という潔さがあれば、私たちは自分自身をもっとも信頼できるようになっていくのです。

結果をあれこれ気にしてなんとか人にとり入ろうとしたり、なんとか損しないようにと立ち回ると、私たちはすべての結果に対して一喜一憂し、どうしても潔くなれません。潔くなれないということは、自分を信頼できないこととイコールなのです。周囲や状況によって結果が異なることを過大視することで、自分に対する信頼を失っていきます。

自分に恥じない言動のその結果を天にまかせれば、結果のよしあし以上に自分が生きていくことのほうが重大に感じられてきます。やるべきことをやって結果を天にまかせることは、自分を好きになり、自分に自信を持つことなのです。

誰もわかってくれなくても、誰も認めてくれなくても、自分だけはわかってあげられる時、私たちは自分自身をもっとも頼もしく、力強く感じられるのではないでしょうか。

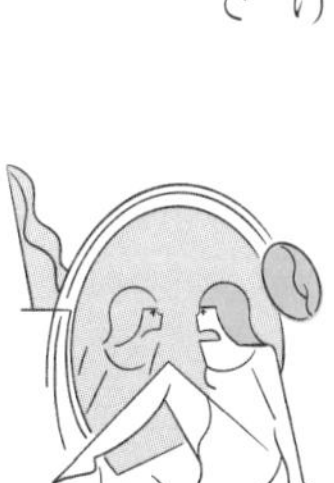

そして人は必ず、そういう人のまわりに集まってきます。

それは多くの人が実は不安だからです。多くの人が結果を天にまかせられないでいるからです。多くの人は、結果をまかせることなく状況を判断しながら生きており、そうしながらどんどん自分に自信を失っていっているのです。

自分の長所や素晴らしさがわかる人

自分の素晴らしさに気づくこと——それは自分が実際以上の自分になることでも、欠点のない自分になることでもありません。

欠点だらけの自分、今の自分を認め、受け入れてあげて自分と和解し、そこからスタートすることにほかなりません。

自分の欠点と和解し、それを受け入れた人のみが、自分の長所や素晴らしさにも気づけるのです。

EPILOGUE

エピローグ

誰も自分の呼吸を かわってはくれない

人生が開ける一番シンプルな方法

病気がちだったり、つらい別れを経験したり、苦しい片想いの最中であっても、学校へ行ったり、仕事に一生懸命になっている人は大勢います。

私たちは自分の欲求を満たしたいと思う一方で、欲求を満たすための行動をすることで傷つくかもしれないという不安や恐れを捨て切れません。

最近私が受ける悩み相談の中でもっとも多いのがこのパターンです。

「〇〇をしたいがこういう理由でできない。どうしたらよいでしょうか」

というものです。

しかし、本来それは悩みと呼べるものではないのです。何もしないで人生が開けると考えるほうがおかしいわけで、何もしないでいては、つまらない大人になって、つまらない人生を終えていく以外にないでしょう。ただそれだけのことだと思うのです。

「人生を充実させたい、でも問題があるからできない」というのは、自分は何もしないで幸せになりたいということで、夢を見るだけで人生を終える以外になくなります。

「したい」と「する」

それにしてもなぜこんなにも多くの人が、行動を起こせなくなってしまったのでしょうか。

不平不満をいっているだけで通用してきた、安っぽい民主主義の結果もあるでしょうし、体に悪い食べ物や習慣を、どん欲に追求した結果ともいえるでしょうか。

とにかく、いうばかりでなくて、何でもいいから挑戦してみることです。

簡単なことからでいいのです。デザートを夜食べるのをガマンするとか、駅のエスカレーターを使わず階段をのぼるとか、朝早く起きるようにするとか、何でもよいでしょう。

しかしその、一見簡単そうなことが、いかに大変なことか、しかしやってみればどんなに新しい発見と喜びがあるものか、それもわかってくると思うのです。

要するに、「本当は行動したいんです」といいながらそのままにするのではなく、実際に行動してみてその「大変さ」を知るべきでしょう。何もしたことがないと、それがわからないのです。

「したい」というのと、実際に「する」の違いを、私たちは本当に知るべきだと思うのです。

それによってしか、私たちは自分の人生から手ごたえを得ることはできないのですから。

一回の呼吸ですら自分のかわりはしてもらえない

私たちの心臓は一秒も止まることなく動き続け、呼吸も生まれてこのかた、止まることなく繰り返されています。

一回の呼吸ですら、誰も自分のかわりはしてくれません。私たちの肉体は、自分自身の力で、自分自身の体験で生きようとしているのです。肉体のみならず私たち自身も同様なのではないでしょうか。

「誰も自分のかわりをしてくれない」――その事実を心に受け入れる時、私たちが本来持っている力や可能性がはじめて、表に出てくるような気がするのです。

しかし私たちは、つい弱い気持ちになりがちです。

「誰かがやってくれる……」

「いずれどうにかなる……」

「いいや、ほっておいちゃおう……」

そう考えながら、今やるべきこと、今決断すべきことをつい引きのばしてしまいます。

そして気がついてみると、何ひとつ本気で決断することなく、本気でトライすることなく、型にはまった人生のレールに乗っかりながら生きています。

救ってもらおうとする人生には敵意が育つ

私たちがなぜ自分の人生にもっと前向きになれないのか、手ごたえが得られないのか。それは人に救ってもらおう、助けてもらおうと、心のどこかで思っているからではないでしょうか。

人に、組織に、恋人に、妻に、夫に、自分を救ってもらおうとしていれば、自分は能動的である必要はありません。人の考えるままに、人のやろうとするままに、自分も賛同を示し、レールの上を歩いていればよいのですから。

しかしそれは、自主性にフタをすることであり、自分をそうしてしまう組織に、恋人に、妻に、夫に、隠れた敵意を抱くことでもあるのです。

敵意を表面に出すことは、レールからの脱線を意味するので、やわらかな笑顔のベールにそれを押し隠す以外にないでしょう。

何不自由ないのに、生きることがつまらない……

表面的にはなんの不満もないのに、毎日が味気ない……

それは自分自身の人生を、誰かによって、何かによって、救ってもらおうとしているからにほかならないのです。

私たちの目の前には自由な原野が広がっている

私たちの目の前には、本当は大きな大きな原野が広がっているのです。そこは自由な原野です。何をどう、どのようにやっていこうが、すべて私たちの、あなたの自由なのです。

その原野は、たとえ無力な自分であったとしても、ありのままの自分にさえ戻れば、誰の目にも映る自由な大原野なのです。

自分以外のその他大勢の引いたレールをとおしてしか未来を見ようとしない人には、生涯賃金や、三世帯ローンや、今の流行しか目にはいりにくいのでしょう。

しかし未来とはそんなものでは決してありません。

誰も未来を保証できないように、未来は本当はまだ手つかずの原野なのです。

人の考えや価値によらず、自分自身の足で一歩その原野に踏み出すことによってのみ、私たちは自分自身が生きたという足跡を残すのです。

私は何も、今通っている学校をやめろ、会社をやめろ、生き方をやめろなどといっているのでは決してありません。ただ組織や人や何かに、自分を救ってもらおうとする気持ちを捨てて、自分に立ち戻ってみようといっているのです。

同じ会社にこれからも通うのはもちろんおかしなことではないし、現実的な面から考えても当然のことでしょう。

自分と会社との関係は、有効な労働を提供し、それに見あう賃金をもらうことで成立するという、あたり前といえばあたり前のことを認めれば、会社に対する幻想は消えます。

それは会社が自分を救ってくれるという期待を捨てることであり、同時に、自分自身の働きが真に問われることでもあるのです。

客観的にみて働きにあったものをもらえば良いのであって、そこはうまく得しようという期待もないかわりに、不当な圧力にも屈しない、甘えを捨てた者のみが持つ自立の美しさがあります。

私たちはこうした姿勢によって、会社や組織の重圧から、自由になれるのです。

自分の仕事に正統で客観的な自己評価がある限り、私たちは上司にも社長にも、まったく引け目や負い目を抱くことなく、また、とり入る必要も抱かずに済むでしょう。

会社に頼って、会社で良い思いをしたい、会社から救ってもらいたい、という気持ちがあれば、会社や上司の一挙一動にも動揺し、おびえながら生きていかねばなりません。

そして……あなたは自分の中の内なる力、内なる美しさに気づいていく

誰も自分を助けてくれない、何も自分を救ってくれない……みんながみんなそういう存在だと知れば、私たちはもっと自由に、もっと信頼しあって、

「だから助けあっていこう！」

という前向きな協力が生じてもくるのです。

これまでにも助けあいや協力の大切さはもちろんいわれてきました。

しかしそれは、本当の協力や本当の助けあいであったのでしょうか。

何かにゆだねて救われようとする人が、誰かや何かにとりつくこと。また、自分

の弱さゆえに理想のポーズにこだわる人が、良い人だと思われようとして、恐れる何かに、恐れる誰かに、滅私奉公してきたことで保たれていた「協力」や「助けあい」だったのではないでしょうか。

もう、そういうバカなことをやる時代ではないと思うのです。

何度もいうように、私たちの前には大原野、自由な原野が広がっているのです。何かに、誰かに助けてもらおうとする気持ちを捨て、不安でも、無力でも、自分自身で一歩を踏み出す時、眠っていた、自分の内なる力、内なる美しさ、内なる魅力に、私もそしてあなたも、すべての人たちが気づいていくのではないでしょうか。

あとがき

私は私で、あなたはあなた

私は絵が下手です。まるで小学生の低学年レベルの絵しか描けないのです。

それではそれこそ絵にならないので、高学年や中学時代はあまりに格好悪いので、水彩画などではわざと筆を使わずに指に絵の具を塗りつけ、ゴテゴテ塗りつけながらデタラメな抽象画と思わせていました。そうしないと本当に先生に叱られるか、笑われたためです。

そのせいで今に至るまで、絵の内容がストップし、小学生以下の絵しか描けないでいるのですが、ある時、出版社に原稿を渡す際、自分流のイラストをそえて渡したことがあります。もちろん専門のイラストレーターが描き直すための資料のつもりだったのですが、面白いことにイラストレーターが頭を痛めてしまい、

「どうしてもあれ以上に描けない。インパクトが凄すぎる……」

と真剣にいわれ、ア然としたことがあります。

私の絵を知っている友人たちはそのことを知って大笑いしたのですが、「個性」とは恐ろしいものです。私は気をよくして、それ以来、自分の絵が好きになりました。

私が自分の絵を好きになれたのは、専門のイラストレーターのお蔭かもしれません。

私が嬉しかったのは、私の絵がうまいワケがないことは自分が一番よく知っていますが、それが自分にしか描けないことが嬉しかったのです。

私は私で、あなたはあなたです。

私は私の絵を描けばよいいし、あなたはあなたの絵を描けばよいのです。

そうすれば、私の絵とあなたの絵と、たとえピカソの絵を横に並べたとしても、まったく負い目はありません。

もしもピカソが私たちの絵を笑ったとしたら、私はハッキリいうつもりです。

「ピカソ君、君に私の絵が描けるかい」と。

しかし、もし私たちが、ピカソを真似て描こうとしていた時、ピカソに笑われたとしたら、もう二度と絵筆を握る力は出てこないでしょう。

他の人のようになろうとする努力など不要なのです。

あなたはあなたになることです。

そうすれば必ず、本来あなたに備わっている能力も知恵も愛も、自然と時が満ちた際に、美しくあらわれてくるのではないでしょうか。

マドモアゼル・愛

Special Appendix

特別付録

周波数を知ると生きるのが楽しくなる

これからは〝周波数〟の時代

何者かになろうとしたり、他の人のようになろうとする。そうした努力はこれからの時代には不要だと思います。自分の素直な気持ちを大切にする。あなたはあなたになること。自分を愛し、安心して生きること――。

私は本文でこう述べてきましたが、今の時代は、こうしたことがより重要になってきたと思います。

そのうえで、先の見えないこの混迷の時代だからこそこれから必要なのが、「周波数」のことを意識した生き方をすること。それを、一つの提案として、この「特別付録」の章では考えたいと思います。

周波数という言葉になじみのない方もいらっしゃるかもしれませんが、周波数とは、ひと言でいうと「音」、音程のことです。周波数によって、音の高さが決まってきます。

音は空気の振動によって発生しますが、その時間当たりの振動の波の数、つまり速度を数値で表したものが周波数（HZ　ヘルツ）です。1秒間に440回なら440ヘルツとなります。

この振動による周波数世界は、私たちが距離も時間も物質も超えた世界に本当は存在していることを意味しているとも考えられます。

私たちの現在の「世界」や自分の「存在」をどのようにとらえたらいいのか。その一つの方法として、「周波数で考える」とわかりやすいのではないかと思うのです。

「周波数」のことを知り、「周波数にチャンネルを合わしていく」という選択肢について、ここからお話させていただきます。

不思議な⁉「周波数」の世界

周波数世界の視点で見ると、私たちは、努力したから成功するわけでも、良いことをしたから良いことが起こるわけでもありません。周波数との〝共振〟により、その周波数が示す事象や事項が起こる。起こるというより、その中にいる……といったほうが正確かもしれません。

周波数との〝共振〟というのは、たとえば、ラジオのチャンネルを周波数で合わせるとき、ちょうどぴったり合わせることができれば、スーッと音が聴こえてきます。しかし、2、3ヘルツでも違うとガーッと雑音が入ってしまいます。

みなさんもこのようなことは体験したことがあるでしょう。

周波数がぴったり合うとその音が聴こえるということを、もっと大きく考えると、その周波数と〝共振〟したときに、まるで霊界のように「私たちはもうそこに存在している」と考えられるのです。

周波数が、人に何らかの影響を与えることは、一般的にも言われています。しかし、周波数の研究を体験的にしてきた私の認識はそれとはかなり違います。

影響を与えるどころの話ではないということです。

私たちは「周波数によって物事を体験している」。だから、どの周波数帯に合わせるかによって、体験する中身も変わってくるし、自分自身も変わってしまう——と考えています。

この「周波数」の話は、科学では証明できるものではないのかもしれませんが、誰もが体験を通して実証できることだと思います。

誰もが自由に、チャンネルさえ合わせれば望んだ世界が見えてくる、そこに居ることができる——この「周波数」のとらえ方があれば、私たちは無限の可能性を手に入れることができるわけです。

私たちの存在には物理的な制約は実はなく、どの周波数と共振するかによって、これまでとまったく違う世界が、私たちの前に現れるということです。

これは先ほどあげたラジオの例で考えるとわかりやすいでしょう。

ラジオでは、たとえば文化放送の周波数に合わせたら文化放送しか聴こえません。そして、NHKの周波数に合わせればNHKラジオの放送しか聴こえてきません。それ以外の放送が聴こえてくるはずはありません。

このように周波数は、「私たちの観ている世界そのものを表わしている」といえるのです。

私たちは、何かの「周波数世界にいる」と考えられるわけです。

ただし、私たちはそれぞれが常にどこかの周波数世界にいるので、たとえ同じ空間にいても、同じ周波数世界を体験しているとはいえません。

秘められてきた「音からのエネルギー」

周波数の中でも重要なものは、私たちにエネルギーを与え、健康の維持や喜び、人生の発展に不可欠な関係があります。

周波数を知ると生きるのが楽しくなる

私たちは、音からエネルギーを得ている面が大きいのです。

たとえば、528ヘルツという周波数帯と共振すれば精神が元気になってくる、639では誰もがアーティスティックになっていく。そして852ではあちらの世界の高度な情報を得ることができると考えられます。

これは神社に似ています。たとえば、神社には縁結びの神社もあれば、縁切りの神社もあります。周波数も同じことで、それぞれに違う現象世界があり、ラジオの周波数に合わせるように、周波数を合わせていくことができるのです。

私が着目したのは、中世ヨーロッパの教会で用いられていたといわれるソルフェジオ周波数でした。

それは聖書の民数記（Numbers）を解読することで得られたものですが、ソルフェジオ周波数と人間活動との関係は明白なのです。

そこには、解明されていないエネルギーのスポットがありました。私はそれら6種の周波数を調査分析しました。そしてそれらの周波数が私たちにどのように働くかを知ることができたのです。

中世の教会では、グレゴリオ聖歌を歌うことで神とつながり、魂を磨く修行や学びの活力を得ていたと考えられていました。

しかし、そうなると困るのは教会でしょう。人が教会を通さず「神と直接つながる」のはカソリックの教義に反します。唯一ローマ法王のみが、神の代理人となって神と人間とをつなぐ存在だったからです。おそらくそう考えた中世カソリック教会は、このソルフェジオ音階を封印していったものと思われます。

周波数が人間におよぼす影響についての研究は、私のような素人発明家が行っていても何も問題視されませんが、大学や一般機関においては、まず表立っては行われていません。とくに人の幸福に有効と思える周波数は、社会から極力排除されてきたとも思われるのです。本当に重要だからこそ「秘められてしまった」と私は考えています。

シュタイナーもその強大なチカラを恐れていた！

ピアノなどの調律の際の音高（ピッチ）の標準である「国際ピッチ」というものがあります。これは、現在では４４０ヘルツと決められています。ピッチの数値が大きいと音は高くなり、小さいと低い音になります。

しかし、このピッチが決められるまでは紆余《うよ》曲折《きょくせつ》がありました。

イタリアの歌劇王ジュゼッペ・ヴェルディが支持したイタリア音楽のピッチは４３２ヘルツでした。それが世界に行き渡り、19世紀までは音楽の周波数の基音は４３２ヘルツ近辺に自然決定していたのです。

しかし、１９２５年にアメリカが基音を４４０ヘルツと制定し、その後１９３９年にはイギリスの国際会議において、さらに１９５３年にＩＳＯ（国際標準化機構）によって、国際基準値４４０ヘルツが正式に決定されます。

ドイツの思想家・哲学者・教育者であったルドルフ・シュタイナーは、

「音の基準音が432ヘルツから変更されるようなことがあれば、この世は悪魔の勝利に近づくだろう」

とまで述べています。

ゆえに、彼の思想に基づき作られた楽器の竪琴（ライアー）は、今なお432ヘルツに調整され演奏されていますので、ご存じの方も多いと思います。

440ヘルツの音を聴くと不安になったり、イライラしたりすることが多いといわれることがありますが、432ヘルツは人をやさしく安心させる音といわれます。

440ヘルツが悪いとはいいませんが、432ヘルツのほうが音楽の基準音としては、より自然であることは確かです。

たった8ヘルツの違いですが、この違いは大きく、もし、国際ピッチが432ヘルツに決まっていれば、人間の情動も今とは大きく違っていたのではないかと思われます。

重要なソルフェジオ周波数

では、どのようにして、私たちは周波数を選択できるのか。その具体的な方法は、まず各周波数の特徴を知ることから始めるべきです。

こうした観点から、最後に「ソルフェジオ周波数」について説明していきましょう。

前述のとおり「ソルフェジオ周波数」は、『旧約聖書』の「民数記（Numbers）」に暗号として秘められていました。

「民数記」から導き出されたのは、

①396ヘルツ、②417ヘルツ、③528ヘルツ、④639ヘルツ、
⑤741ヘルツ、⑥852ヘルツ

の6種の周波数です。

111ヘルツずつ足したり減らしたりしていけば、いくらでもソルフェジオのファミリーとして音をたくさん作ることができますが、聖書から導きだされる音はこの6音です。

なぜ、私がソルフェジオ周波数の意味を深く理解できたかには理由があります。それは、水にその周波数をコピーして、水による体感を得ることができたためです。水はあらゆる情報をコピーする最高の記憶媒体であることは事実ですが、その特性を用いて周波数水を作り、自身や大勢の方の力を借りて実験し、そこに共通する働きを知ることになりました。

ですから、科学的に認められているわけではありませんが、共通する体験的事実があり、単に言い伝えのお知らせや情報だけではない私が直接体験したという強みがありますため、この情報は事実であるといえます。

それでは、その特徴を順番に紹介してきましょう。

♫ 〔396ヘルツ〕 マザー（原母）優しい癒し

ソルフェジオの一番低い音になります。優しい癒しの周波数です。
私はこの音を「マザー」（原母）と名づけました。

深いトラウマを解消する音であり、ことに母親との間にある未消化のわだかまりを溶かす音です。〝母なるもの〟を実際の親から満足に得られる人もいれば、満足に得られず何らかのシコリとしてトラウマが残るという人も少なくありません。

こういう魂の深いところに負った傷やトラウマを癒やし修復してくれるのが、この396ヘルツなのです。

また、理由がわからない不安感があるときや眠りが浅いときなどにお聴きになるとよいでしょう。

♫〈417ヘルツ〉トランス（変容への酔い）変化を許可する

私はこの音を「トランス」（変容への酔い）と名づけました。よくいわれる「トランス状態」のトランスです。

417ヘルツは、肉体と共振してエネルギーを発し、人が変身したり変容することを許可する周波数です。

人は誰でも変化を恐れる面があります。私たちが変われないのは、「自分の変化を許諾できない」という無意識のブロックがあるからです。

ソルフェジオの音を続けて聴いていると、不思議なトランス状態が訪れるものです。この中心的な役割を果たしているのが417ヘルツです。この417ヘルツで一種のトランス状態に入り、自分の変容を許可することができます。

変化を恐れなければ、思考も行動にももっと自由な選択ができるようになります。

行動したくても、なかなか行動に移せないという人は、ぜひこの周波数を試してください。

♫〔528ヘルツ〕セルフ（奇跡の輝き）精神と活性化

ソルフェジオを代表する音です。中心音としてよく知られています。
私は「セルフ」（奇跡の輝き）と名づけました。

DNAの傷を修復し、石灰化した脳の松果体《しょうかたい》を元に戻す働きがあるともいわれますが（科学的に実証されたものではありません）基本的には精神を活性化させ、子どものように元気にしてくれる音です。太陽の音とも呼ばれています。

自分であることを喜び、自分として生きることを容易に選択できるようになります。どのような困難な状況においても、528ヘルツとの共振が得られるならば、太陽のような生きるエネルギーが湧いてきて、その結果、私たちに備わっているミラクルな力が発揮できるようなことが多く起こります。自己嫌悪から救ってくれる音でもあります。

♫ **〈639ヘルツ〉** アーティスト（高度な自己）魂の霊的な深い活動

600周波数台になると、人間として最高度の活動レベルに導かれる周波数帯に入ります。639ヘルツは、芸術的な活動、「アーティスト」（高度な自己）と私は名づけています。

この639ヘルツの音と私たちが共振することによって、魂の霊的な深い活動、また芸術の本来の発露というものが現れてきます。ですから、この600番台の周波数との共振なくして、本当の高度な芸術など生まれるわけはないと思います。また人間の精神活動の最高点と関係するため、本物の宗教家はこの周波数と共振していなければおかしいです。

♫ **〈741ヘルツ〉** クリアリング（清め）あらゆるものを掃除

これは、あらゆるものを「掃除する」周波数です。「クリアリング」（清め）と名づけています。

たとえば、水にこの音を聴かせれば、水は清水のようになっていくように変化します。

また、自分自身についているもの（疲れや憑かれ）なども見事に落とします。

疲れている時などに、この音を聴くと、すべてを掃除してくれて、部屋の中の空気もきわめて清涼に澄み切ったような感じを受ける方がとても多いのです。汚れを取り除きますので、脂っこいものに741ヘルツを振動させてから召し上がってみると、脂分が気にならないで食べられます。またお化けが消えるという体験を多くの方がされています。

〔852ヘルツ〕インスパイア（天の智）ひらめきを得る

これは、すでに己の肉体を離れて〝向こうの世界〟と繋がる領域になる周波数になります。

私は「インスパイア」（天の智）と名づけました。

あの世とこの世をつなぎ、〝向こうの世界〟の知恵や知識を地上に降ろすことができるのです。

ですから、天才的なひらめきを得たい人にとって必要な周波数であるといえます。

あちらの世界と繋がらない限り、天才性は訪れるはずはありませんので、８００番台以上と共振することのない天才は本物ではないでしょう。

９００番台となりますと、これはもう物理的肉体を持つ人間には感知できない領域ですので、ソルフェジオが８５２ヘルツを上限とすることもよく理解できるわけです。

ちなみにイエスキリストの数は８８８ヘルツといわれます。まさに受肉できる最高の周波数で、この世に降臨した正当性が、周波数によれば嘘でないことがわかります。８８８ヘルツはソルフェジオにはありませんが、物質界における物理現象を伴う最高の周波数がイエスであるという整合性は、周波数を研究してはじめてわかったことでした。

（了）

「ソルフェジオ周波数」特殊音源 無料ダウンロードの方法

本書235ページからの特別付録「周波数を知ると生きるのが楽しくなる」の中でご紹介した「ソルフェジオ周波数」を体感をともなってご理解できるよう、とくに重要なソルフェジオ6音を収録し、無料ダウンロードできるようにしました。

ダウンロード方法1

1. インターネットのアドレスバーに、下記URLを入力してEnterキーを押しましょう！

https://www.mikasashobo.co.jp/c/freepage/2864jibun/index.html

https://www.mikasashobo.co.jp/c/freepage/2864jibun/index.html

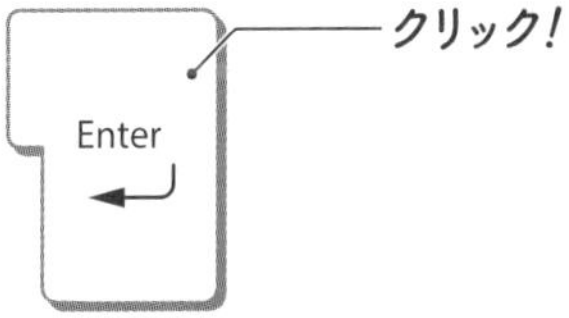

2. ユーザー名とパスワードを入力します。

ユーザー名 ： mikasa2864

パスワード ： jibunwoaisuru

3. 音声ダウンロードページが現れます。
〔一括ダウンロード〕をクリックすると、音声ファイルをまとめてパソコンにダウンロードできます。

ダウンロード方法2

下記のQRコードからも、音声ダウンロードページにアクセスできます。

・QRコードは、QRコード読み取り機能つきのスマートフォンのカメラ、QRコード読み取り用の各アプリケーションで読み取り可能です。
・各アプリケーションを使用する際の不具合や疑問点については、各アプリケーションの開発者にお問い合わせください。

音声の内容

01　396Hz　マザー（原母）
02　417Hz　トランス（変容への酔い）
03　528Hz　セルフ（奇跡の輝き）
04　639Hz　アーティスト（高度な自己）
05　741Hz　クリアリング（清め）
06　852Hz　インスパイヤ（天の智）

※ソルフェジオ音階は精神と霊性の深いところを刺激しますので、これまでに体験したことのない不思議な体感や感覚をお感じになる場合があります。
※眠くなる方が多数いらっしゃいます。運転前や運転中のご視聴にはご注意ください。
※音の特徴を体感を持って獲得するには、同じ周波数をある程度長時間聴き続ける必要があります。おおむね、同じ周波数を1日1〜2回、それぞれ20分ほど聴き続けると、3日ほどでその周波数がどういうものであるかおわかりになると思います。
※体調に異変を感じたときは、直ちに聴くのを中止してください。

本書は小社より刊行した単行本を改筆・加筆・再編集したものです。

自分《じぶん》の素晴《すば》らしさに気《き》づいてますか

著　者――マドモアゼル・愛（まどもあぜる・あい）

発行者――押鐘太陽

発行所――株式会社三笠書房

〒102-0072 東京都千代田区飯田橋3-3-1
電話：(03)5226-5734（営業部）
：(03)5226-5731（編集部）

印　刷――誠宏印刷

製　本――若林製本工場

編集責任者　本田裕子

ISBN978-4-8379-2864-5 C0030